师者王克

主编　黄美香
主审　王建文

哈爾濱工業大學出版社

内容简介

2014 年 5 月 11 日，为我国高等教育呕心沥血 30 载的数学领域专家王克教授猝然辞世。王克教授逝世后，他的生前好友、同事和学生纷纷发来悼念文章，哈工大(威海)党委作出了向王克老师学习的决定，并在 2014 年教师节组织了王克老师先进事迹报告会。与此同时，组织编写出版《师者王克》纪念文集。文集包括大写的人生、永远的怀念、榜样的力量、先生的著述、王克老师大事年表等栏目，全面展示了王克老师在学术上求真理、在教学上传真知、在做人上讲真诚的崇高品格和精神。

本文集可供高等院校师生学习，也可作为数学领域研究者与爱好者参考书。

图书在版编目(CIP)数据

师者王克/黄美香主编. —哈尔滨：哈尔滨工业大学出版社，2015.5

ISBN 978-7-5603-5260-2

Ⅰ. ①师… Ⅱ. ①师… Ⅲ. ①王克(1948~2014)-纪念文集 Ⅳ. ①K825.46-53

中国版本图书馆 CIP 数据核字(2015)第 052323 号

主　　审　王建文
主　　编　黄美香
副 主 编　丁效华　赵常信　莫宇宏
执行主编　张玉芹　隗海燕
参　　编　李文学　朱美丽　杨薇　李新　费非　李志强　季振兴

责任编辑　田新华
封面设计　刘长友
出版发行　哈尔滨工业大学出版社
社　　址　哈尔滨市南岗区复华四道街 10 号　邮编 150006
传　　真　0451-86414749
网　　址　http://hitpress.hit.edu.cn
印　　刷　哈尔滨工业大学印刷厂
开　　本　787mm×960mm　1/16　印张 14　插页 4　字数 220 千字
版　　次　2015 年 5 月第 1 版　2015 年 5 月第 1 次印刷
书　　号　ISBN 978-7-5603-5260-2
定　　价　48.00 元

最早的形象

20世纪70年代在吉林省下乡期间

1984年硕士论文答辩

1997年博士论文答辩(左五为王克，右三为黄启昌)

上学期间

2004年初到威海第二次创业

2007年和学生在一起(左起魏凤英、王克、张立春、毕艳军)

王克老师与学生的合影

2008年6月在学生的硕士学位答辩会上

身后就是他喜欢的这片海

海边骑行——最深刻的记忆

我爱我师——我心目中的好老师

王克老师先进事迹报告会会场

丁效华

隗海燕

钟云娇

张兆心

许嘉诚

张春梅

李文学

2014年事迹报告会上校领导与报告人合影

序言

2014年5月11日，王克教授猝然辞世。虽然我已经很长时间没有与他联系了，但从东北师范大学的同事那里不时地能够得到他的消息，一直知道他很好，况且他的年纪还不很大，此消息之突然可谓惊呆。

前些日子，范猛教授发来邮件，希望我为纪念他的恩师王克教授的文集写一个序，我欣然应诺。于是，在脑海中又浮现出王克谦逊质朴的样子，是那么样的真实，真实得让我觉得他还在。

王克的一生，为学、为师、为人都堪称典范。王克和我一样是江苏人，于是我们谈及过家事，知道他因为父亲的原因，在“文化大革命”中经历磨难。王克是东北师范大学数学系77年文革后恢复高考后的第一届学生，我是72年工农兵学员留校，当时已经是数学系的助教了。最初认识他，是因为他和另外一位同学住在数学系的门卫室，这已经够引人注目了，外加他不修边幅，衣着简朴。住在门卫室是为了便于晚上读书。在我的印象中，77、78级的学生非常用功，这也是当时的社会风气，似乎是为了争回“文化大革命”中失去的时间，这些最用功的学生中必然有王克。记得是王克向系里建议，希望系里派一位教师辅导他们作数学分析的习题，于是系里就派我去做这项工作。当时的数学系，《吉米诺维奇习题集》几乎就是难不可越了，可是王克他们居然都会作了。没有办法，我就找来那汤松《实变函数论》这本书中的习题，与他们一起研究。在作题的过程中，我知道王克对问题理解深刻，思维清晰敏捷。大学毕业后，他师从黄启昌先生攻读硕士研究生，开始了常微分方程的研究，因研究出色留校任教。也就是从那个时候开始，东北师范大学数学系常微分方程学科一直兴盛不衰。2004 年，他受邀到哈尔滨工业大学（威海）工作，为刚刚建立的数学系挑起了教学和研究的大梁。

王克教授淡薄名利，始终保持着一颗赤诚之心，就像当年住在门卫室那样，不顾及其它，把全部时间和精力都投入到数学研究和教学事业中。在攻读硕士期间，他已表现出了非凡的研究能力，后来与黄启昌先生以及其他学生一起，在我国开始了无限时滞泛函微分方程的研究，这项研究几次获得国家自然科学基金重点项目的资助。后来，王克教授又把科研方向拓展到生物数学领域，完成了国内第一部随机生物数学专著。他对数学研究持之以恒的热情，不断创新寻求突破的精神，是每一位后辈学者不可多得的精神遗产。

王克教授始终对教学保持着极大的热情，我在东北师范大学担任主管教学的副校长期间，曾经几次听过他的课。因为理解深刻，王克教授能够把握教学内容的本质，用简洁的语言和恰到好处的例子进行表述，能把问题的来龙去脉述说得引人入胜，作为教师堪称一流；他朴实无华，表里合一，又是身教重于言教的典范。据说，直到他生命的最后，还主动要求承担教学任务，可谓数十年如一日为学生倾尽心血，为师之德令人肃然起敬。

如述，王克教授是一位纯粹而真实的人，这也是他的魅力之所在。

欣闻哈尔滨工业大学（威海）要出版《师者王克》文集，这是一项很有意义的工作，以此为序。

东北师范大学原校长　史宁中

2014 年 11 月

前言

可贵的真实　可敬的老师

2014年5月11日，为我国高等教育呕心沥血30载的王克教授，以令人难以接受的猝然辞世永别了他深爱的学生和钟爱的事业。读罢王克老师先进事迹文集书稿，一种无以言表的感动和敬仰久难释怀。这份感动和敬仰不仅来自王克老师对学术的贡献，更来自他一生教书育人做学问的真实付出。他的真实是那样的纯洁，他的真实是那样的崇高，他的真实是那样的净化人心，他不愧是一名真实的老师，一个纯粹的人。

老师的真实是科学之幸。王克老师作为我国数学界的著名学者，为泛函微分方程和生物数学在我国的传播与发展作出了重要贡献，他的去世之所以引发国内外同行们的哀痛和惋惜，就在于他对科学的求真求实永不懈怠。他一生醉心学术，痴迷数学，不为名，不求利，在浮华尘世中坚守着学问的纯净和崇高。在他身上彰显着一名数学家一丝不苟、严谨治学的求实精神，一名科研工作者不断探索、勇于钻研的创新精神，一名人生导师诲人不倦、教书育人的师道精神。他不仅是数学研究的开拓者，更是提携后学的引路人。为让更多的数学才俊脱颖而出，他长期坚持为研究生开设讨论班，既培养学生的科学精神和创新思维，更注重引导学生坚守学术操守和道德理念。我们说王克老师的真实是科学之幸，不仅在于他为我国泛函微分方程和生物数学的研究留下大量真实的论文专著，更在于他为我国数学领域培养了一大批真实的人才。

老师的真实是学生之幸。王克老师从教30年，培养了18名博士研究生、62名硕士研究生和众多本科生，可谓桃李满天下，春晖遍四方，但他从来不拿资历作资本而居功自傲，直到生命的最后还在讲台上默默践行着师者之责。他一生淡泊名利，为人极其低调，以其独特的人格魅力吸引着众多年轻学者追随左右。他严于己却宽于人，对学生倾尽心血不图回报，他的师德素养比其学术造诣更显可贵。他一生甘为人梯，无论学生来自哪个院系，只要对他的研究方向感兴趣，他总是有求必应，欣然为之。他诚实向善，对学生、对同事、对身边的每一个人都是以诚相待，始终以善良和崇高做学生的身教榜样。他爱生如子，对学生就像一位无私博大的“父亲”，从来不惜时间、金钱和精力，他的真实已经深刻在学生心中。他生活简朴，不讲享受，淡漠物欲，在他面前人人都会变得单纯，学生对他的真心拥戴即在于此。

老师的真实是学校之幸。王克老师作为国家二级教授和我国数学界的知名学者，他完全有资格或者有条件减轻自己的教学任务。但他醉心于教学，不仅常年坚持为本科生和研究生上课，而且还主动承担系里难度最大的课程，每周的工作量累计达到14学时，并为之乐此不疲。他一生勤奋坚毅，务实敬业，对科学的追求近乎痴迷，在向科技顶峰攀登的路途上始终自强不息。他一生追求问心无愧，在利益前不伸手，在奉献上走前头，踏踏实实地付出自己的努力，用朴实无华的行动坚守着职业道德和行为准则。他的谦逊质朴感人至深，他的真实精神催人奋进，他在人们心中留下了真实的传奇。

生如春花之烂漫，死如秋水之静美。王克老师的真实不仅是科学之幸，学生之幸，更是学校之幸，我们为有这样真实的老师而感动。王克老师虽然已经离开了我们，但他为学、为师、为人的真实品格将激励我们踏实前行！

哈尔滨工业大学（威海）党委书记　姜波

2014年11月于威海

目　录

【大写的人生】

【永远的怀念】

【榜样的力量】

【先生的著述】

大写的人生

“为国家培养精英型人才是教师的使命，学生们把生命中最美好的青春年华交给了我们，我们只有努力教授给他们真才实学，才能对得起他们的信任。误人子弟是不可饶恕的罪过。”

——王克

用微分方程求解大写人生

——追记王克教授

2014 年 5 月 11 日 16 时 10 分，哈尔滨工业大学王克教授因病抢救无效，不幸逝世，享年 66 岁。这一天，久晴的威海下起了大雨。

噩耗传来，王克教授的生前好友、同事、弟子无不心生惋惜、悲痛万分。数学系 12 级硕士研究生陈东东说："那天上午原本是王老师给我们上讨论班，我们却再也见不到老师了。"讨论班是王克老师给研究生专门开设的课程，学生们再也无法在课上领略老师的风采了。

作为我国泛函微分方程和生物数学领域的著名学者，王克教授治学谨严，成就斐然，从教三十余载，桃李满天下。王克老师逝世后，记者先后采访了他的生前好友、同事和学生，编发了来自各界的纪念文章。在大家的讲述和文字里，记者看到了一位为学问孜孜不倦，为教学无私奉献，为学生全心付出，为人处世淡泊低调的大学教授。他为学生和事业燃尽了自己的生命，在微分方程的世界里求出了自己的真解人生。

他被下放农村劳动了整整 9 年，厚厚的"黑土地"没能埋没他聪智的数学天赋，作为国家恢复高考后的第一批大学生，他考入东北师范大学数学系，申请住进教学楼的收发室，同学们称他"住在门卫室里的陈景润"。

1948 年，王克出生于上海的一个军医家庭，原本有着优越的家庭环境和优秀学习成绩的他，却被"文化大革命"彻底改变了命运：动乱中父亲被迫害致死，十七岁的他被斥为"黑五类"，刚读完高二就被迫中断学业，作为知青来到敦化市的一个山村下乡，一呆就是 9 年。9 年的下乡劳动，王克多脏多累的活都干过，什么样的苦都吃过，在最艰苦的岁月里，坚强乐观的他没有被苦难打倒，天资聪颖的他在数学世界里发现了自己的天赋，并在学习中找到了自己的乐趣。1977年，国家恢复高考，王克作为“文化大革命”后第一批参加高考的学生，以优异的成绩被东北师范大学（当时名为吉林师范大学）录取，进入该校数学系学习。

哈工大（威海）理学院原副院长、曾任东北师范大学数学系辅导员的魏俊杰教授依然记得三十多年前，王克在校学习时的样子：“人们常说77级是大学里最用功的一个年级，王克是当时77级180名同学中最用功的同学之一。”

王克格外珍惜来之不易的大学生活，他对学习的痴迷和废寝忘食至今被他的同学和老师们所称道。由于当时住宿条件限制，一个寝室住十多个同学，为了晚上学习不影响其他人，王克便申请住进了数学楼的收发室，一住就是将近七年。当时很多同学都不理解，因为收发室里的居住条件很艰苦，生活也很不方便。有的同学猜测他是由于家里经济条件不好才搬到收发室的，后来大家才知道，他不完全是考虑经济上的原因，更主要的是为了抓紧时间学习，早日考取研究生。大学四年，王克生活简朴，沉默寡言，但学习成绩非常优异，他口袋里经常装着外语单词卡片，不时拿出来背几个单词，书桌上摆满从图书馆借来的参考书。每天晚上，同学们下了晚自习从收发室门口经过，都会看到台灯下埋头苦读的王克，一年四季，天天如此。

由于王克不住在学生宿舍，平时与同学们的联系不多。但无论谁遇到问题来找他，王克都会热心地为其讲解。吉林市一中特级教师魏泽夫是王克当年的同班同学，在他的印象中，王克穿着极其简朴，戴着一副年久发黄的高度近视眼镜，头发稀疏，面容黑瘦，但在数学系组织的入学摸底考试中，王克第一个交卷，而且入学后便在学习上遥遥领先。魏泽夫回忆说：“我十分敬重王克，时常向他请教学习上的一些问题，每当看到他需要理发，我便带着寝室的理发工具到他那里，王克总是十分过意不去，连声说谢谢，我说自己的理发技艺一般，请老王见谅，他毫不在意，表示只要剪短就行了。”

魏俊杰教授说，东北师范大学数学系从77级到84级几乎所有的同学都认识王克，这个一年四季剃着光头、不修边幅的学生因为勤奋好学而成为数学系的名人，同学们都称他“住在收发室里的陈景润”。1982 年，王克以优异成绩考取东北师范大学数学系微分方程专业研究生，成为微分方程领域著名学者黄启昌教授的四名弟子之一。1984 年，王克毕业留校任教，实现了成为一名人民教师的梦想。

他始终把做学问视为开心快乐的事，他开辟的科研新领域国内很少有人涉足。王克用自己的智慧和孜孜不倦的钻研，为泛函微分方程及生物数学在我国的传播与发展作出了重要贡献。

在紧张的教学科研工作之余，王克始终没有放弃自己的学业，1995 年顺利获得吉林大学基础数学专业理学博士学位。硕士研究生期间，王克杰出的科研能力便开始凸显出来。在黄启昌教授的指导下，他很快在《中国科学》上发表论文，首次创造性地建立了 Ch 相空间理论，撰写了专著《泛函微分方程相空间理论》，为无限时滞泛函微分方程的研究奠定了基础。当时安徽大学的郑祖庥先生去东北师范大学讲学，谈及具复杂偏差变元的泛函微分方程非常重要，但无人关注，理论完全空白。王克连续苦苦求索 7 天 7 夜，建立了该类方程研究的基本理论框架，为后续研究指明了方向，他却因劳累过度，不得不卧床休养多日。自 1987 年开始，王克又把科研方向拓展到生物数学领域，2004 年到威海工作后，他又开辟了随机生物数学研究方向，完成了国内第一部随机生物数学专著，为随机生物数学在我国的传播与发展作出了重要贡献。在别人看来，随机生物数学是国内新兴、亟待深化的研究领域，研究起来难度很大，属于“硬骨头”，但喜欢不断追求真理、不断创新突破的王克却乐此不疲，用自己的智慧和孜孜不倦的钻研，拿下了一块块难啃的“硬骨头”。

倾心于教学和科研的王克并不是“两耳不闻窗外事”的书呆子，他一直十分关注国际研究热点，2003 年“非典”刚刚过去，王克便在第一时间研究 SARS 传播模型。在查阅各种文献时，他开始接触随机微分方程，并且认识到随机微分方程对研究实际问题的重要性，于是义无反顾地踏入这一未知领域。

数学系青年教师钟云娇是王克老师的研究生。她回忆说：“老师原本对随机微分方程了解不多，这个学科本身门槛很高、很难，当时国内研究随机微分方程的人比较少，著作更少。当时老师已经55岁了，他几乎是从头学起。整个寒假期间，他翻看了能找到的所有相关资料，确立了自己的研究思路和基本方向。在我研一下学期的时候，老师就开始在我们的讨论班里讲授随机微分方程了。”

短短半年时间，从没有基础到能够讲授这门课程，王克老师付出了多少辛劳我们不得而知，但他这种对知识孜孜渴求的精神和雷厉风行的学习态度，深深感染了身边的同学们。跟随王克多年的学生都知道，对于研究学问，也许他会觉得累，但从不觉得苦。“对于学习和科研，老师总是乐在其中，他多次和我们说，他觉得做学问是一件开心快乐的事。”

潜心的研究和严谨的治学态度让王克在我国泛函微分方程和生物数学领域享有很高的声望。自1983年以来，他累计发表高水平论文280余篇，SCI检索150余篇，撰写教材、专著5部，主持国家自然科学基金项目5项。他的科研成果曾荣获国家教委科技进步奖二等奖1项、三等奖2项，教育部自然科学奖二等奖1项。

作为一名二级教授，他常年坚持为本科生上课，主动承担难度最大的课程。他常说：“为国家培养人才是教师的使命，学生们把生命中最美好的青春年华交给了我们，我们只有努力教授给他们真才实学，才能对得起他们的信任。”

从1984年留校任教开始，王克在讲台上整整站了三十年。三十年来，王克老师对教师职业的喜爱始终如初，从助教到讲师、到副教授再到教授，从硕士到博士再到博士生导师，无论身份如何变化，王克老师一直兢兢业业地工作于三尺讲台上，黑板和粉笔见证了他三十年的汗水与付出，也分享了他的快乐和收获。

2004年，受其弟子、时任数学系主任的丁效华之邀，王克老师从长春来到威海，成为哈工大（威海）数学系的一名教师。十年来，王老师一直坚持为数学系100多名本科生讲授《数学分析》《微分几何》等课程，每周6学时，加上为20余名硕士研究生讲授的每周8学时的专业课，他每周的工作量达到14学时，这还不包括他为研究生开设的每周讨论课。王克在教学上勇挑重担是出了名的，系里安排的教学任务他从不推托拒绝，还经常承担额外的、有难度的教学任务。从 2008 年起，王克老师在承担本科生、研究生正常教学任务的同时，主动提出要为本科生上《微分几何》课程，因为他在多年的教学、科研实践中发现，《微分几何》对学生未来发展具有重要意义。为了讲好这门课，王克老师利用寒假时间翻译教材，做了大量习题，那时他已是年过花甲的老人。

如今在深圳工商银行工作的 08 级数学系本科生陈知文依然清晰记得第一次在课堂上见到王克老师的情景："早就听说给我们上课的老师是全哈工大数学系的四个二级'宝贝教授'之一，很多同学还在百度百科找到了一大串听起来就很牛的头衔和经历。然而，上课时我们看到的却是一个穿得有点寒酸的老人，微微有点驼背，说话时面带微笑。直到他翻开手上的教材，才显露出大师的风范，那种详略得当，那种重点突出，那种形象而透彻，在芝诺悖论，在'三明治'定理，在选学的戴德金分割，乃至在整个实数系的完备性的所有定理的讲解中，透透彻彻淋漓尽致。他把晦涩的高等数学讲得如此的生机盎然，在所有学生心中播种下了有趣和自信的种子，指引我们带着对美的追求，来面对今后的人生。"

数学系的孩子们私下里把这位德高望重、极富人格魅力的老教授尊称为"克爷"，不知道从什么时候起，这个称呼在校园里流传开来，许多别的院系的同学都知道，数学系有个学识渊博、课讲得特别好的"克爷"。陈东东本科毕业后考取了王克老师的研究生，爱好篮球的他认识很多外系的同学，大家听说他是"克爷"的学生，都很羡慕，"每当这时，就觉得特别自豪"。

虽然很多课已经讲了很多年，但每次上课前，王老师都要认真备课。多年前记者采访王克老师时，他就曾说过："为国家培养精英型人才是教师的使命，学生们把生命中最美好的青春年华交给了我们，我们只有努力教授给他们真才实学，才能对得起他们的信任。误人子弟是不可饶恕的罪过。"

12 级硕士研究生陈天睿在考取王克老师的研究生之前曾经做过近一年的中学老师。说起王老师对备课的态度，她深有感触："老师备课、讲课的态度，远不止优秀能概括。上了这么多年学，也当过一年的老师，我从没见过像王老师这样尽职尽责的老师。”

在同学们的眼里，王克老师就是“数学学科的百科全书”，不仅自己的专业课讲得好，许多涉及数学其他方向领域和学术界很前沿的知识，他也了解得非常全面，经常在讲课时信手拈来。《数学分析》《微分几何》《常微分方程》等是数学系最难的课，也是关系同学们专业基础和未来发展的重要课程。王克老师不仅将这几门课讲得很明白，而且很生动，他能在黑板上推导完美的公式，也能用软件画出抽象难懂的图形，晦涩难懂的内容在他的讲解下变成了生动精彩的知识展示。所以，他的课常常吸引学生一遍一遍地来听，许多硕士生、博士生和系里的年轻老师也是他课上的常客。

除了课程表上列出的教学任务，为研究生开设的讨论班是他日常最重要的工作之一。这门没有任何报酬的课程是王克老师主动给学生们提供的“营养加餐”，每周日一次，每次三个小时，连寒暑假都不间断，目的就是丰富研究生的学习内容，提高他们的学术水平和科研能力。开始的时候，讨论班上只有王克老师带的几名研究生，后来，系里的其他带的研究生和青年教师也慕名而来，甚至还有一些取得保研资格的本科生也来上王老师的讨论班。

数学系青年教师吕敬亮曾是王克老师的博士生，他回忆说：“从2004年到现在，老师无报酬地给我们上了随机微分方程领域的至少6门教材，每次老师都是不厌其烦地把每一个有难度的知识点讲解出来，唯恐我们掌握不好。”

07级硕士研究生刘蒙已是国内随机生物数学领域崭露头角的优秀青年学者，回忆起王克老师对自己的教诲，他的语气里满满的都是感激：“大四取得保研资格后，老师欣然答应做我的导师，并让我跟着师兄师姐去上研究生讨论班。为了照顾我们这些新学生，在讲课过程中一旦讲到我们没有听过的内容老师总是不厌其烦地反复讲解，一遍又一遍地在黑板上推导。但是由于没有基础，前面又落了很多东西，很多东西听不懂，我的情绪很低落。老师知道后，鼓励我‘坚持下来，多熏熏对以后的学习有好处’。正是大四这一年的坚持听课，才使得我有了比较扎实的随机分析功底，也为以后迅速开展科学研究奠定了基础。”

2013 年的夏天，威海遭遇多年不遇的高温天气，即便是在最热的那些天，王克老师依然坚持为同学们讲课。讲台上，王老师热得满头大汗，同学们劝老师休息下再讲，但王老师不肯，因为“早点讲完了学生们好开始新的课题”。看着讲台上的王老师不时地拿出手绢擦汗，台下的同学们心里除了敬佩，还有心疼。

尽管在学生们眼里，学识渊博的王克老师已经是专业领域的“大师”，但他在学术上的严谨和求真仍然让大家敬佩不已。对于专业前沿的知识，他在课堂上总是坦率地表明自己的观点，承认自己的不足之处，“老师从来都是这样，会就是会，不会就是不会，从来不用任何理由糊弄我们”。

平日里为人宽厚、和蔼可亲的王克老师在学术上却是出了名的严格。如今已是哈工大教学带头人的丁效华依然清楚地记得自己二十年前读研究生时的一件事：“记得有一次讨论班布置我来讲一部分内容，有一步推导我在提前准备时觉得应该很自然，讲的时候就说‘显然’怎样怎样，老师就让我解释一下，结果我却没有‘显然’出来，站在黑板前一身大汗。这以后，不论是学习还是工作，‘显然’这个毛病再没敢出过。”

王克鼓励学术上百家争鸣，经常跟学生们讨论很多新的研究思路和问题，他主张边学边用，学以致用，以用促学，往往是自己一边学习着新知识，一边给学生分配着研究课题。

最让学生们敬佩的是，原本学习俄语的王克老师在近三十岁时自学英语，并达到了用英语讲课、看英文文献、指导学生写英语论文的程度，其口语之流利，语法之准确，应用之熟练，无不让学生们惊叹与佩服。

十年的时间里，从王克老师的讨论班上走出了一名又一名优秀的学子，他们有的是国内高等院校的骨干教师和学科带头人，有的成为企业的技术骨干，有的远赴海外留学深造。采访中，记者在王克老师这些弟子们身上，看到了他的影子：治学严谨，勤奋好学，孜孜不倦，勇于进取。

他常说：当老师最高兴的就是培养出好学生，看到学生在学术上超越自己。在学校首届“我爱我师——我心目中的好老师”颁奖词中，学生这样说：“他对学生的负责态度随着时间增大而单调递增，他的师德在所有学生中都可积。所以不论是柯西判别还是 Abel 判别比较，王克老师都是同学们心中最爱的好老师！”

为师三十年，王克老师培养了 18 名博士研究生、62 名硕士研究生和难以计数的本科生，可谓桃李满天下。王克老师生病以后，多名学生第一时间从外地赶来，为的就是能陪伴在他的病榻前尽一份孝心。这些学生中就有他的博士开门弟子、现任东北师范大学数学与统计学院党委书记、教授、博士生导师范猛。

在范猛撰写的悼念文章中，他将老师尊称为“先生”，回忆了二十多年来与先生相识、相处的点滴往事，情真意切，感人至深。像这样来自学生的文章，记者还收到多篇，虽然大家的篇幅有长有短，文笔各有差别，但字里行间流露出的对老师的感恩、缅怀和悲痛之情让人一次次动容。在学生们心里，王克老师是良师，是益友，也是慈父。他像对待自己的孩子一样关心和爱护着自己的每一名弟子，也用他的言传身教告诉大家如何做学问，如何为人处事。

与王老师相识相知二十年，范猛先后跟随先生读硕士、博士，继而留校任教，作为先生的教学及科研的合作者长期共事，结下了深厚的师生谊、父子情。1995 年教育部在北大启动“2002 青年科学数学家培训基地”，在王克老师的举荐下，范猛成为首批 10 名学员之一。在北大学习时，他经常听一些著名学者谈及先生求学时在收发室苦读的故事，“作为学生，每每深感骄傲和自豪，同时也暗自立志成为先生那样的学者”。2013 年末，范猛在王克老师退休之际来威海看望，王老师非常高兴，感慨地说：“当老师的，有两件事最高兴，一是自己研究有成果，再一个就是培养出来好学生，看到学生在学术上超越自己。你现在已经超过我了……”

数学系原副主任范德军是王克老师的首批硕士生之一，他说自己的本科阶段是听着王克老师的传奇故事度过的，读研时有幸成为老师的弟子:“老师的风采和品格影响和感染了一批人,当年老师上的都是《数学分析》及《泛函微分方程》等最重要、最难讲授的课程,这让许多人受益终生。”

王克老师常对身边的年轻老师说,学生们的智力水平和专业素质各有不同,作为老师,就是要发现每一个学生的长处,挖掘他的潜力,帮助其成材,而成材的第一步,就是要先学习做人。他常说:“并不是每一名同学都能成为数学家,但他至少要能做一个好人。”数学系05级研究生刘伟是王老师来威海后带的第一届研究生,他说:“学高为师,身正为范,老师用他的实际行动为我们作出了榜样。”

王克老师一生淡泊名利,一心为学生着想。刘蒙回忆说:“我写第一篇学术论文时,老师的名字原本在第一位,我的在第二位。老师看到后让我把名字顺序调换。老师说,我岁数已经大了,你们还年轻,需要这些东西,以后写论文把我放在最后一位。时至今日,课题组所有论文的第一作者全部都是学生。”在纪念文章里,刘蒙深情地写到:老师对我的恩情跟父母一样,是老师手把手指导我怎样做科研,没有老师就没有我今天的成就。老师您曾经说过,招我做学生是您的幸运。可学生却想对您说,能够拜在您的门下,才是学生一生的荣幸……

王克老师不仅在学业和科研上关心、指导学生,在生活上也如家长般地关爱着大家。2004年,钟云娇等6名同学跟随王克老师从长春来到威海,由于当时不是本校的学生,生活在校园中有诸多不便。“我们租房子时他帮我们踩点,考察地理位置、住宿条件,他点头我们才可以租。”硕士毕业后,钟云娇留校任教,报到前,王老师郑重地和她谈了一次话,像父亲一样要求她:第一要做好人,第二做好老师,第三是做好学问,这三点的顺序不能变。钟云娇说:“这三点已经成为我一生的座右铭,我将永远铭记。”

12级博士生吴瑞华是王克老师的一名在职博士生,当时有两人报考王老师的在职博士,但学校政策规定,每一名博士生导师只能招收一名在职博士,吴瑞华的成绩虽然过了录取线,但低于另一名同学,按照政策是不能录取的。王克老师深知在职人员考取博士的不易,从来不曾为了自己的私事求人的他四处奔走,多次找学校招生部门协调,给研究生院写申请，为吴瑞华争取到了这个来之不易的入学名额。入学很久后，吴瑞华才从别人那里得知，王老师为了她的入学做了怎样的努力，而那段时间，王老师正犯了美尼尔氏综合征，走路都要扶着墙。谈起往事，吴瑞华依然忍不住热泪盈眶："没有老师的帮助，我哪有机会成为工大的博士啊。所以，我一直警告自己，如果不努力的话，真是对不住老师！"

严于律己、宽以待人，三十年来，王克老师为学生倾尽心血，坚持有教无类，因材施教。小语种的研究生很少有人愿意指导，他每次都欣然接受，并且为了节省学生的时间，他亲自将英文材料翻译成汉语让学生阅读；无论学生来自哪个院校、无论基础如何，只要对他的研究方向感兴趣、只要能坐得住板凳、耐得住寂寞，他都聚而教之、分类点拨指导；无论是不是自己的研究生，王老师都一视同仁，指导学生从不藏私。系里有老师出国深造，把自己的研究生托付给王克老师指导，对待那些学生，他比指导自己的学生还尽心尽力，认真负责。

从教三十载，王克老师用自己的行动践行着人民教师的职业理想与操守，言传身教，率先垂范。他先后荣获宝钢优秀教师奖一等奖、吉林省英才奖章、吉林省优秀省管专家、吉林省教育系统师德先进个人等荣誉称号，从1992年起享受国务院政府津贴。来威海工作后，王克老师被学生们评为首届"我爱我师——我心目中的好老师"，学生们在颁奖词中这样评价："他对学生的负责态度随着时间增大而单调递增，他的师德在所有学生中都可积。所以不论是柯西判别还是Abel判别比较，王克老师都是同学们心中最爱的好老师！"

一身洗得发白的运动服穿了十几年，一辆古董级的自行车骑起来叮当响，家里最值钱的就是一摞摞书籍，几十万的科研经费全部用在学生身上。先生走了，他给家人没有留下任何遗嘱和多少财产，却给弟子们留下了不竭的精神财富。先生已不在江湖，但必将铭记于江湖，他是江湖永远的传奇！

生活中的王克率真淳朴，简单纯粹。相识多年的同事对他的为人非常赞赏："很实在，有点倔但很坦率，跟他共事从来不用担心他要心眼。"

身为国内外知名的大牌教授，王克老师对生活要求极为简单，从不在意吃穿，不讲究享受。一身运动服从长春穿到威海，一穿就是十几年，洗得发白了还不舍得扔；一辆古董级的自行车骑起来叮当乱响，可他还能骑着与年轻学子飙车；家里的装修至今都是十年前的样子，水泥地、简单的桌椅和家具，唯一值钱的是他书房里的一摞摞书籍。

对自己苛刻的王克老师对学生却非常大方，几十万的科研经费除了给自己配了一台必需的电脑外，其余的全部用到了学生身上，鼓励大家发论文，支持学生们去各地参加学术会议；跟随他读博士的青年教师李文学买房子急需用钱，他从自己的积蓄里拿出五万块钱救急；11 级在职博士生张向华家里有急事，他主动借钱解燃眉之急……

王克老师与妻子下乡时相识、结婚，几十年来相濡以沫，不离不弃。学生们到王老师家做客经常听到家里播放邓丽君的歌，原因在于师母爱听。妻子刚到威海那年，学生们有一次看到王克老师骑自行车赶集回来，手里拎着一小袋白果，他说："你师母没吃过这个，我买给她尝尝。"

王克老师多才多艺，热爱生活。他游泳技术高超，乒乓球技艺独具一格，他不仅弹得一手好琴，还有十分深厚的文字功底，所撰写的纪念恩师黄启昌的文章，朴实无华，字字真情，催人泪下。喜欢运动的王克老师对生活充满了激情，极具生活情趣。在海边，学生们常常可以看到他肆意畅游的矫健身姿；校园里，大家也经常看到他骑着自行车穿梭的身影。

这个爱教学、爱学生、爱生活、爱运动的老先生，前一天还站在讲台上，为数学系的本科生讲授微分几何课；仅仅两天之后，却因为突如其来的脑出血，匆匆离开了深爱着他的亲人和学生，那一天，离他 66 岁的生日还有三个多月。噩耗传来，学生们都不敢相信自己的耳朵，大家正筹划着暑假来威海，为去年刚刚退休的老师过一个特别的生日……

在美国伊利诺伊大学香槟分校留学的 11 级博士生张春梅还期待着与王克老师的重逢："还有 3 个多月我就回国了，我是多么盼望回到学校，回去看看您和师母。我之前都想好了，回国了先去学校，看完老师您再回家。老师，这一切来得太突然了，得知您在医院抢救的时候，我觉得天快塌下来了，我该怎么办啊？我找了个空地大哭一场……"

"每天总是习惯性地刷新邮箱，查看老师是否又给我发了邮件，一想到今后再也收不到老师的邮件，心里就特别难过。"

"老师走了，没有留下一句话，就匆匆走了，他留下了太多的遗憾。他还有两本专著没有出版，还有教材没有修订完，还有几名硕士和博士没有毕业……"

李文学一直在为自己因身体原因没有坚持上完王老师的最后一课而深感遗憾。他和刘蒙、吕敬亮等几名师兄弟陪伴王老师度过了生命中的最后时刻，从病床前陪护到殡仪馆的后事处理，在最后送别老师的那一刻，几个师兄弟同王克老师的儿子一起，长跪不起，为老师送行。就是在那一刻，他们暗暗下了决心："老师虽然走了，但我们要把讨论班坚持下去，帮助老师完成未竟的事业。这是对老师最好的回报和追念。"

王克老师把自己一生的追求奉献给了学术，把一生的耕耘奉献给了学校，把一生的关爱奉献给了学生。在他身上充分体现了一名数学家一丝不苟、严谨治学的求是精神，一名科研工作者不断探索、勇于钻研的创新精神，一名人生导师诲人不倦、教书育人的师道精神。

王克老师走了，尽管他走前没有留下任何遗嘱，却用自己为人、为师、为学的态度和境界，给弟子们留下了无数的宝贵财富。

"先生已不在江湖，但必将铭记于江湖。无论何时，无论何地，江湖都将传颂他的故事、他的传说，天堂必将有新的传奇！先生走了，留给我们的是他那未竟的事业，留给我们的是不竭的精神财富，留下了行走于数学江湖的八十余颗种子……"

斯人已逝，风骨长存！

·记者 隗海燕·

哈尔滨工业大学（威海）关于开展向王克老师学习的决定

各党委（总支、支部）：

王克老师是我校理学院二级教授、博士生导师、校教授委员会委员，2014 年 5 月 11 日因病逝世。王克老师一生对高等教育具有强烈的事业心和责任感，他胸怀国家，铭记责任，为我国数学科学研究作出了重要贡献；他治学严谨，甘为人梯，把毕生精力献给了教育和科研事业；他爱岗敬业，尽职尽责，模范遵守人民教师的职业道德；他真诚纯朴，无私奉献，始终保持着当代知识分子的优秀品质。为进一步学习、宣传王克老师的先进事迹，大力培育和践行社会主义核心价值观，校区党委决定，在全校师生中广泛开展向王克老师学习活动。

学习他勤奋坚毅，求真求实的学术追求。王克老师是国家恢复高考后的第一批大学生，艰苦求学的坎坷经历使他格外勤奋坚毅，始终在追求真理和勇攀科研高峰的道路上自强不息。他长期从事数学科学研究，特别在具有应用背景的基础研究方面成果显著。早在上世纪 80 年代，他就首次创造性地建立了 Ch 相空间理论，为无限时滞泛函微分方程的研究奠定了基础。2003 年“非典”疫情发生以后，他对 SARS 病毒的传播模型给予关注，为此他开辟了随机生物数学研究方向，潜心研究随机微分方程对解决实际问题的应用途径，完成了国内第一部随机生物数学专著。他先后发表论文 280 余篇，撰写教材、专著 5 部，主持国家自然科学基金项目 5 项。曾任中国工业与应用数学学会理事、中国生物数学学会常务理事和《生物数学报》编委等，为泛函微分方程和随机生物数学在我国的传播与发展作出了重要贡献。

学习他规格严格，精益求精的治学态度。王克老师生前常说：“学生把生命中最美好的年华交给我们，我们只有努力教授给他们真才实学，才能对得起他们的信任。”从教 30 多年，他把“对得起学生的信任”

作为人生信条，用渊博的学识精心为国家培养优秀人才。他一生坚守精益求精，从不动摇规格严格的治学态度，从不放松功夫到家的学术要求。他坚持用心讲好每一堂课，从来不让学生带着疑惑离开课堂。他不仅讲好书本知识，还广泛运用数学学科最新理论丰富授课内容，被学生称为"数学学科的百科全书"。他坚持每周为研究生开设讨论班，培养学生的科学精神和创新思维，引导学生坚守学术操守和道德理念。他要求自己的学生必须要有真本事，对学生的每一篇论文都认真审阅修改，就连标点符号也严格把关。他坚持言传与身教相配合，始终以一丝不苟的专业素养做学生的身教榜样，他培养的 18 名博士研究生和 62 名硕士研究生，许多已成长为国家重点高校的学科带头人和数学研究领域的青年拔尖人才。

学习他纯朴向善，宽厚待生的师者品德。王克老师"既是学问之师，又是品行之师"，他不仅在严谨治学上堪称典范，更在立德树人方面谓之楷模。他始终以高尚的人格和博大无私的爱去感染学生，在他身上体现了真实纯粹的教师道德。他生活俭朴，一身洗得发白的运动服穿了十几年，家里的装修和家具极为简陋，但对学生的生活需求却出手大方，多次为学生急需慷慨解囊。他对个人名利看得很轻，却把学生的荣誉看得很重，在发表论文和评奖时总是把自己的名字放在最后。他爱生如子，对学生从入学到离校、从学业到事业、从婚姻到家庭，各方面都像慈父一样关怀备至。他先后荣获省教育系统师德先进个人和宝钢优秀教师奖，两次被学生推选为"我爱我师——我心目中的好老师"。

学习他无怨无争，乐于担当的奉献精神。王克老师曾获优秀省管专家称号，1992 年起享受国务院政府津贴，是我国数学界颇具影响的知名学者。凭他个人的资历和条件，完全可以减轻日常教学任务，但他从不居功自傲，始终以平常淡定之心去追求朴素真实的教育人生。他不仅常年坚持为本科生和研究生上课，而且还主动承担《数学分析》《微分几何》《常微分方程》等难度最大的教学课程，每周的工作量累计达到 14 学时，直到突发脑溢血的前一天还在讲台上为学生讲课。他把教书育人视为人生幸福和快乐，不为名利，不求索取，不计得失，只图学生在做人做事做学问上超越自己。他一生追求问心无愧，在利益面前不伸手，在奉献付出上走前头，对院里安排的工作、同事托付的事情、学生请教的问题总是不遗余力，用朴实无华的慷慨付出坚守着做人为师的本色。

王克老师在学术上求真理，在教学上传真知，在做人上讲真诚，他的先进事迹是哈工大精神的生动体现，充分展示了威海校区哈工大人的良好精神风貌。校区党委号召，各级党团组织要结合“弘扬工大精神，追逐中国梦想——培育和践行社会主义核心价值观”主题教育实践活动，以树立正确的世界观、人生观、价值观和良好的学风、师风、校风为切入点，认真开展向王克老师学习活动。广大教师和科技工作者要以王克老师为榜样，信念坚定，勤于探索，务实敬业，甘于奉献，关心国家前途命运，履行服务社会责任。全校师生员工要认真贯彻落实党的教育方针，不断提高对培育一流创新人才重要性的认识，切实提高办学质量，为建设与哈工大发展相适应的大学校区作出贡献。

中共哈尔滨工业大学(威海)委员会

2014 年 9 月 4 日

中共哈尔滨工业大学(威海)委员会关于追授王克老师"师德模范"荣誉称号的决定

各党委(总支、支部):

王克老师系理学院数学系教授、博士生导师、校教授委员会委员,2014 年 5 月 11 日因病去世。王克老师先进事迹经前期宣传报道后,在全校广大师生中引发强烈反响。经学校 2014 年第 13 次党政领导班子会研究,决定在全校开展向王克老师学习活动,并追授王克老师"师德模范"荣誉称号。

中共哈尔滨工业大学(威海)委员会

2014 年 9 月 9 日

【评论员文章】

像王克老师那样做人做事

什么样的人是高尚的人,什么样的老师是优秀的老师。在教师节举行的王克老师先进事迹报告会上,七位报告人用朴素的语言、感人的故事和深情的讲述,把一个真实可敬的“人生之榜样、教师之楷模”生动地展示在大家面前。整场报告虽然朴实无华,但却让所有到会的师生满含泪水,充满感动,深受震撼,这就是王克老师在三尺讲台上书写的传奇的人格魅力。

王克老师的人格魅力源于他在学术上求真理,在教学上传真知,在做人上讲真诚。他一辈子坚守着理想信念的崇高,一辈子坚守着人民教师的品行,一辈子坚守着做人做事的纯洁。他最让人钦佩的是一生坚守,最让人感动的还是他的一生坚守,他在坚守的岁月深处写下崇高,也在后人的追忆中延续生命。校区党委作出向王克老师学习决定,就是号召全校师生要像王克老师那样做人做事,自觉坚守当代知识分子的精神家园。

像王克老师那样做人做事,就是要学习他勤奋坚毅的可贵品格。王克老师始终铭记一名高校老师的责任,胸怀国家和人民,不断开辟具有广泛应用背景的数学科学研究方向,直到退休后仍在为泛函微分方程和随机生物数学在我国的传播与发展忘我工作。我们学习王克老师,就要像他那样信念坚定,理想长存,生命不息,奋斗不止,永不动摇求真求实、勇于创新的学术追求。

像王克老师那样做人做事,就是要学习他规格严格的治学态度。王克老师把“担当起教育的责任,对得起学生的信任”作为人生信条,正是这种坚定执著的治学态度,成就了他“桃李满天下,春晖遍四方”的人生辉煌。我们学习王克老师,就要像他那样几十年如一日用心上好每一堂课,不让一名学生带着疑惑离开课堂,不让一名学生浪费自己的美好青春年华。

像王克老师那样做人做事，就是要学习他纯朴向善的师者品德。王克老师对学生充满深情，始终以高尚的人格感染学生，以博大的爱心呵护学生，在他身上体现出了真挚纯粹的师者之德。我们学习王克老师，就要像他那样淡泊名利，甘为人梯，始终把学生的利益放在第一位；像他那样宽厚待人，爱生如子，坚持对学生的一生负责。

像王克老师那样做人做事，就是要学习他无怨无争的奉献精神。王克老师始终兢兢业业，任劳任怨，埋头教学，忘我工作。他学高不张扬，居功不自傲，从不计较个人得失，对工作无比热情。我们学习王克老师，就要像他那样，严于律己，克己奉公，正确处理个人与集体的关系，努力实践人民教师高尚的人生价值和精神追求。

近日，习近平总书记在与北师大师生代表座谈时发表重要讲话，殷切希望全国广大教师要做“有理想信念、有道德情操、有扎实知识、有仁爱之心”的好老师。全校各级党组织要将学习习总书记的讲话精神与学习王克老师的先进事迹紧密结合起来，通过多种形式，大力推进立德树人，激励和引导广大教师成为像王克老师那样的“筑梦人”。

永远的怀念

“第一要做好人，第二做好老师，第三是做好学问，这三点的顺序不能变。”

“当老师的，有两件事最高兴，一是自己研究有成果，再一个就是培养出来好学生，看到学生在学术上超越自己……”

“教师的责任是传承，我把我会的教给你们，你们再教给你们的学生。”

——王克

难以忘却的回忆

魏俊杰

王克教授因病于2014年5月11日离开他所眷恋的这个世界，离开了他的亲人和学生，离开了他所无比热爱的教学岗位，丢下了他毕生追求的科学研究，留下了太多的遗憾。

王克教授是“文化大革命”后恢复高考的第一届——77级学生，1978年2月入东北师范大学数学系学习。我们相识于1978年9月，那时我刚刚大学毕业留东北师范大学数学系任教，组织上安排我做他所在的77级的辅导员。算起来我们相识36年，除了2002—2009年我在哈工大本部工作外，我们在一起共事近30年，这30年是我们彼此学习、相互支持的30年。

王克教授的父亲原是位军队医生，“文化大革命”中受迫害而死，后其全家被遣送到农村。从1968年到1978年初，王老师在农村整整生活了9年，先后当过农民和民办教师，他深知农民的疾苦。1977年他以高分被东北师范大学数学系录取。入学后他深切感受到他们这代人的青春被“文化大革命”整整浪费了十年，也深知学习机会的可贵。人们常说77级是大学里最用功的一个年级，王克老师是当时东北师范大学77级180名同学中最用功的同学之一。本科期间，由于当时住宿条件限制，一个寝室住十余个同学，为了晚上学习不影响其他人，经相关部门同意，他和另外的一个同学常年住在数学楼的门卫室，一直到研究生毕业。东北师范大学数学系从77级到84级几乎所有的同学都认识王克，就是因为他们一年四季天天都能看到一个剃着光头、不修边幅的人在数学系门卫室读书学习，新来的学生问那是谁，老同学会告诉他，那是最用功的王克。

王克老师从1978年初至1981年底在东北师范大学数学系完成

了本科学习,同年又以优异的成绩考取了东北师范大学数学系的硕士学位研究生,师从著名学者黄启昌教授,从而走上了他的辉煌的微分方程的研究道路。1984 年底硕士毕业后留东北师范大学任教,先后任助教、讲师,1988 年破格晋升为副教授,1992 年破格晋升为正教授,1997 年被评为博士生导师,期间 1997 年在吉林大学获得理学博士学位。2004 年调入我们哈工大(威海)工作。

王克教授的一生是不断追求真理的一生。在攻读硕士学位期间,他就将著名的 Poincare-Bendixson 关于平面的环域定理推广到解不唯一的平面系统,硕士毕业不久就与黄启昌教授一起建立起了适合于研究具无限时滞的 Volterra 型微分积分方程的 Ch 空间理论,为研究此类有强烈实际应用背景的微分方程奠定了基础。随着微分方程的应用研究的不断深入,他将研究兴趣扩展到生物数学的研究领域,为东北师范大学数学系开辟了生物数学研究方向。2004 年调入哈工大(威海)后,随着随机微分方程研究的兴起,他又将研究领域扩展到随机微分方程及在生物学领域中的应用,为哈工大数学学科创建了随机生物数学这一崭新的研究方向。王克教授发表学术论文 280 余篇,其中 SCI 检索 150 余篇;在科学出版社出版专著 2 部,高等教育出版社出版教材 2 本,还有一部已完稿待出版的专著。

王克教授热爱教师这个职业,更爱他的学生。在将近 30 年的高等教育生涯中,他先后为本科生和研究生讲授过数学分析、实变函数论、常微分方程、高等数学、微分几何、常微分方程稳定性理论、常微分方程定性理论、泛函微分方程、随机微分方程、生物数学等 10 余门课程。听过他的课的同学普遍反映王老师教学态度认真,科学性严谨,一丝不苟,更主要的是将数学思想与知识的来龙去脉讲得活灵活现。另外,王老师对待学生就像对待朋友一样,当学生问问题时,他总是耐心地解释,平等地讨论。他先后指导了 18 名博士,62 名硕士,毕业的学生多数都成为国内外一些高校的骨干教师和学术带头人。当谈论起他的学生时,他总能乐呵呵地如数家珍一样介绍他的几位成绩斐然的弟子。

王克教授勇挑重担,一切工作从大局着想,认真负责。我与王克教授一起共事近30年,从没听说他拒绝过哪项工作任务,而常听到的是他不时接受某些额外的或较困难的工作。如在我们某些同事出国进修访问期间,求他代管研究生时,他总是欣然答应,并认真指导。上面提到的泛函微分方程、随机微分方程、生物数学等课程都是他首先开设的。再比如他提出数学系应该为本专业的学生开设微分几何课,当他得知能讲授该课的老师出国合作研究时,欣然承担起微分几何的教学任务。为准备这门课程,他利用寒假翻阅了大量的微分几何教材,作了大量的习题。

王克教授热爱生活。他在长春有很长一段时间受美尼尔氏综合征的困扰,来威海工作后,由于气候适宜,心情舒畅,美尼尔氏综合征基本治愈。2008年我在威海第一次见到他时,感觉他又焕发了第二次青春。他告诉我这里有天然的海水浴场,空气新鲜,不同季节开不同的花儿,有不同的水果,最适合人类生活。他夏天游泳,每天早晚各游一次,冬天骑自行车,每天至少25公里。看得出他对生活、对工作都充满了激情。我来这里工作后也真看到他的生活确实如他所说的。

王克教授为人坦诚,勇于批评和自我批评,遇事不隐瞒自己的观点,是位非常好相处的同事,我们将永远怀念他。

(作者为理学院原副院长兼数学系主任、教授、博士生导师)

学友虽逝去　风范传后人

东北师范大学数学系77级1班全体同学

2014年5月11日16时10分，王克同学因突发脑溢血，医治无效，病逝于威海。全班同学得知这一噩耗后感到万分震惊！大家都为失去了一位可亲可敬的老同学感到无比的沉痛。在班级的QQ群里，同学们纷纷发表悼念王克同学的文章和诗词，以此表达自己无尽的哀思。事发突然，当年的年级辅导员魏俊杰老师（在哈工大（威海）任教）代表77级1班全体同学为王克同学敬献了花圈，班委会研究决定：请王克的博士生（吉林财经大学冯由玲老师）代表77级1班全体同学到王克的家里表示深切悼念。王克同学对事业的无限忠诚和极高的学术成就是全班同学学习的楷模。学友虽逝去，风范传后人！

回首往事，记忆犹新，1977年党中央决定恢复高考招生制度，教育开始走向正轨。1978年3月我们与王克同时考入吉林师范大学（后更名为东北师范大学）。王克入学前是一位山村民办教师，他在1977年的全国高考中，以远远高出吉林师大数学系录取线的成绩脱颖而出，但是因为他属于“可教育好的子女”，因此没有被第一批录取，后来在数学系黄启昌教授（我国微分方程著名学者）的力主之下，经吉林师大招生委员会慎重研究之后才被第二批补录。

王克十分珍惜这宝贵的学习机会，入学之后，他立刻以百倍的热情和顽强的毅力投入到学习当中，很快成绩便在班级同学中遥遥领先。不久他向数学系办公室提出了申请：要求搬出学生宿舍，独自搬到数学系的收发室里去住，理由是这样可以有更多的时间学习。当时很多同学都不理解他的做法，因为收发室里的居住条件很艰苦，在生活上也不方便。有的同学猜测他是由于家里经济条件不好才搬到收发室住，后来才知道他不完全是考虑经济上的原因，更主要的是为了抓紧时间学习，早日考取研究生。

数学系办公室很快同意了他的申请，王克搬到了他向往的收发室。从此以后的四年时间里，每当下晚自习的铃声响过之后，同学们从收发室走过时，都能看到他仍然在灯光下埋头学习。他对学习的痴迷和废寝忘食让所有同学都敬佩不已！

王克衣着简朴，生活朴素，沉默寡言，学习成绩优异，他口袋里经常装着外语单词卡片，不时拿出来背几个单词，书桌上都是从图书馆借来的参考书。数学学习已成为他生活的全部内容，同学们都称他为“数学系里的陈景润”。

由于王克住在收发室，因此他和班级里的同学交往很少，特别是班级的女同学，但是只要系里或者班级里哪位同学有疑难问题问到他，他每一次都认真的帮助同学解决学习中的困惑。

班级干部经常到收发室看望王克同学，询问他有没有生活上的困难，并号召班级同学关心王克同学的生活。我们班共有 11 位“老三届”毕业生，他们和王克一样有着坎坷的人生经历，班长吴非就是一位“老三届”毕业生，他经常到收发室里看望王克，和他促膝交谈，使他感受到集体的温暖。

同是老三届，有着相似的“十年动乱”遭遇，因此容易产生情感上的共鸣，就这样，同学们渐渐了解到王克坎坷的人生经历：他的父亲在十年动乱中被迫害致死，他被斥之为黑五类，后来称为“可教育好的子女”。残酷的现实剥夺了他本应十分美好的青春岁月，剥夺了他人性的尊严。虽然他天资聪颖，但是被发配到山村劳动，接受所谓贫下中农的再教育。他后来发现：在数学世界里是最纯净的，他的数学天赋在那里可以得到最大限度的发挥，并享受到无穷的乐趣。

很多同学由于对王克接触不多，普遍认为王克不善言谈，但是在毕业实习期间的一次讲座却使同学们改变了这一看法。当时王克在长春市实验中学实习，应实习学校的要求，他就如何教好数学课为全体实习教师做了一次专题讲座。在这次讲座中，王克结合多年的教学体会，生动地讲述了在教学中如何创设问题情境，揭示思维过程，怎样关注学生的思维活动，引领他们走进数学的殿堂，启迪孩子的心灵世界，培养数学思维能力。他在讲座中提出：每位教师都要力争做一名研究型的教师，每节课都成为精品课，努力推进我国数学的发展。

他的这次讲座声情并茂，实例丰富，具有很强的感染力，同学们从中深深感受到一位数学教师的师者情怀。讲座结束之后，长春市实验中学的领导立刻提出：邀请王克毕业之后到这里任教。虽然时间过去了三十多年，但王克当年提出的很多观点和做法在今天仍然具有指导意义。

四年的大学生活转瞬即逝，在毕业前夕，王克如愿考上了东北师范大学常微分方程硕士研究生，导师是在国内极有名气的黄启昌教授，研究方向是微分方程定性理论，同学们都祝贺他终于取得了成功。王克在硕士研究生毕业之后又继续攻读了博士学位，1984 年毕业之后在东北师范大学数学系任教，历任助教、讲师、副教授、教授、博士生导师、数学系副主任；2004 年 5 月调入哈尔滨工业大学（威海），任数学系教授、博士生导师、校教授委员会委员。

王克为人谦和平静，但其实内心对同学有很深的感情。回想当年，当他发现班级的一位同学因为没有考上研究生而心情沉重时，他就和这位同学促膝长谈，帮助他分析没有考取的原因，鼓励他不要气馁，要选准研究方向继续努力。后来这位同学在第二年以优异的成绩考取了东北师范大学概率论与数理统计硕士研究生，毕业后留校任教，现定居于美国费城。

自东北师范大学毕业后，同学们虽然和王克同学的联系时断时续，但大家都能感受到他十分怀念在师大学习的岁月，感受到他对同学友谊的珍视。他在东北师范大学担任博士生导师期间，认真指导了我们班的一位同学进行学术研究，系统研究了当代经济贸易当中的歧视现象，并巧妙运用多元函数的偏导知识，改进了由美国学者加里·S·贝克尔创立的数学模型。这一研究成果对如何建立数学模型进行定量分析，深入研究经济贸易歧视现象作出了卓越贡献。

一次暑假，我们班的一位同学到长春参加学术会议，会后专程到东北师范大学看望他。当找到他时，发现他正在研究一个重要课题，这个课题具有很强的挑战性，它要对一名苏联学者提出的微分方程极限环理论作出推广,并构造一个函数反例。

王克热情地接待了老同学,并介绍了课题研究的最新进展情况。他研究数学的刻苦精神深深感动了这位同学,同时这位同学提醒他要多多保重身体,照顾好家人。

自东北师范大学毕业之后,班级组织过多次聚会,但每次王克都是因为参加学术会议未能参加。

2012 年班级组织了毕业 30 年同学聚会,王克因为学校有事无法参加班级聚会,他打来电话一再表示歉意,并寄来两张照片:一张是他和爱子的合影,一张是和当年东北师范大学年级辅导员魏俊杰老师的合影。他给班级同学写了这样一段话:同学们,努力锻炼身体,每天高高兴兴的,其他的都是身外之物,争取下一个十年,下下一个十年我们还能再见!

王克同学寄来的照片和他的三十年寄语已被编入班级《永恒的回忆——时光飞过三十年》纪念册。睹物思故人,当看到照片上绿树桃花,水光潋滟,看到王克同学那熟悉的微笑和他那几近花白的头发,读着他留给同学们的赠言,悲痛之情,难以言表!

时光如水,岁月如歌。王克同学虽已逝去,但是他热爱生活、献身事业的学者风范已经深深印在同学们的心中,他不仅是我们班级的佼佼者,同时也是全体 77 级同学的杰出代表。我们为有这样一位可亲可敬的好同学感到骄傲和自豪!

王克同学,请安息吧!东北师范大学数学系 77 级 1 班全体同学愿你一路走好!

谨以此文深切悼念老同学王克!

(执笔:魏泽夫)

怀念老同学王克

魏泽夫

我和王克于1978年4月同时补录到吉林师范大学(后更名为师范大学),我第一次见到他时,是在数学系组织的对补录学生进行的摸底考试考场,那次考试题比较难,但王克第一个交卷,足见他有极其扎实的数学功底,这件事给我留下了深刻的印象。后来我们两人分到77级1班,我才慢慢知道他是一名来自山村的老高三学生,尽管他的高考成绩已经远远超过东北师范大学数学系的录取线,但是由于他属于"可教育好的子女",因此在第一批录取时被东北师范大学拒之门外。

王克穿着极其简朴,戴着一副已经年久发黄的高度近视眼镜,头发稀疏,面容黑瘦,可以想到他是经历了怎样的沧桑岁月。王克入学之后在学习上很快便遥遥领先,他对学习的痴迷和废寝忘食让所有同学都敬佩不已!不久他向系办公室提出搬出学生宿舍,要求独自到数学系教学楼的收发室居住,当时很多同学都不理解他的做法。因为收发室里的居住条件很艰苦,在生活上极不方便。有的同学猜测他是由于家里经济条件不好,搬到收发室里是为了节省一些花销。后来才知道他不完全是考虑经济上的原因,更主要的是为了抓紧时间学习,早日考取研究生。

由于王克不在学生宿舍住,因此和大家的联系不多。我十分敬重王克,时常和他请教学习上的一些问题。每当看到王克需要理发,我便带着寝室的理发工具到他那里给他理发,王克十分过意不去,连声说谢谢,我表示自己的理发技艺一般,请老王见谅,他毫不在意,表示只要剪短就行了。

就这样,我和王克度过了四年的同窗生活,在毕业前夕,王克如愿以偿考上了东北师范大学研究生,导师是在国内极有名气的黄启昌教授，研究方向是常微分方程理论。毕业后他攻读了博士学位，后任教于哈尔滨工业大学（威海）担任博士生导师。

前不久惊悉王克病逝，心中万分悲痛！草拟一首小诗，以此表示深深悼念之情。

含泪送王克

绵绵春雨五月天，
学友病逝威海边，
松江缓缓遥相送，
哀思无尽泪涟涟。

回首往事似云烟，
音容笑貌在眼前。
君虽逝去犹还在，
师者风范留人间！

（作者为吉林一中数学科首席教师、教学专家组成员、吉林省数学学科带头人、特级教师）

来自海内外的悼念

唱给王克的赞歌

何敏　张波　李晓颖

王克与世长辞了！悲痛，遗憾！

悲伤之际，我们更想为您高歌一曲！

与师兄您，我们朝夕相处，共度7年寒窗，毕业后共事多年。时光不能倒流，但师兄的其人其事，依然历历在目，仿佛又把我们带回了那百废待兴的年代，过去的一切，像一幅幅画卷，浮现在眼前……

一个时代的开始，标志着您的命运的转折，让我们意气风发地走到了一起，让我们有幸见证了不同寻常的您。此时此刻，仿佛我们又在一起欢歌快舞：蓝色的天空像大海一样，广阔的大路上尘土飞扬，穿森林过海洋来自各方，千万个年青人欢聚一堂……

畸形的年代曾经带给您创伤，带给您痛苦，甚至给您的一生投下了阴影：过早的驼背，经济上的拮据……可是，您没有抱怨，没有彷徨，更没有放弃。您的回答是含辛茹苦、孜孜不倦、踏踏实实，几十年如一日地耕耘。校园里，留下了您永恒的身影：朴素的衣着，书桌前的刻苦钻研，讲台上的一丝不苟……

岁月的沧桑，无法磨灭您对生活的热爱：一贯沉默的您，遇到知己时会古今中外天文地理滔滔不绝，运动场上您也会与年轻人龙腾虎跃……

您的一生，是一曲悲怆的交响乐！

您的一生，是一曲壮丽的交响乐！

您的一生，是一曲不屈不挠的交响乐！

您的一生，是一曲默默无闻的交响乐！

您的一生，是一曲朴实无华的交响乐！

您的一生，是一曲硕果累累的交响乐！

您用您的坚韧，向世界呐喊，让暴风雨来得更猛烈吧！

您用您的一生，庄严地向世界证明，您的精神是不可征服的！

当您回首您的一生，您有充分的资格宣告，您无愧您的一生！

我们为您而骄傲，为您而自豪！

安息吧，师兄！您活在我们心中！

（作者何敏为美国肯特州立大学数学系教授，张波为美国费耶特维尔州立大学数学系教授，李晓颖为德国 SAP 公司高级质量经理）

一剪梅·悼王克

从政义

向晚堆云为谁愁？
孟夏时节，
落雨凝秋。
仰天长叹弔同窗，
无尽阴霾，
落满心头。

三秩余年未曾谋，
往事成烟，
旧梦如钩。
此行一去料无期，
遥望西天，
泪涌难收。

（作者为辽宁省交通学校教授）

江城子·和丛政义同学

魏泽夫

五月威海噩耗传，
心绪乱，泪沾衫。
遥寄哀思，千里悲无言，
恨不躬亲辞旧故，
人有憾，问苍天。

春城四载苦窗寒，
手足情，共欢颜。
岁月匆匆，分手别亦难。
了却尘缘赴净土，
君保重，祈平安！

（作者为吉林一中数学科首席教师、教学专家组成员、吉林省数学学科带头人、特级教师）

想你时就去海边

丁效华

老师匆匆走了，没有再给我留下一句话……

几天来只要一静下来，他的影子就在我眼前浮现，让我不时地在回忆中恍惚。说来我是与老师相处时间最长的学生了，1990 年 9 月我入东北师范大学数学系攻读硕士学位，一年后从俄罗斯学习回国的老师一面给我们这届研究生上课，一面开始指导我和另一位师兄的毕业论文工作。那时能在师大方程教研室读研在研究生里是很自豪的，尤其是指导老师还是有许多传奇故事的王克老师。

老师知识渊博，讲东西很细，总能用很恰当的例子和精炼的语言将泛函微分方程、微分包含、分形这些对初学者来讲宛如天书般的东西讲明白。在我的记忆中老师总是面带一种逗人的微笑，这与他一只耳朵听力不太好有关，但是老师治学却非常严谨，对我们要求也十分严格。记得有一次讨论班布置我来讲一部分内容，有一步推导我在提前准备时觉得应该很自然，到了讲的时候就说“显然”怎样怎样，老师就让我解释一下，结果我却没有“显然”出来，站在黑板前一身大汗。这以后，不论是学习还是工作，“显然的”这个毛病没再敢出过。老师带学生十分注重能力培养，强调我们学习的主动性。他指导我们怎样去查资料，怎样找题目，怎样读书，之后又要检查我们做得怎么样，然后和我们一起交流，尤其是当感到我们有了自己的一些思路和想法时他就很兴奋，总鼓励我们顺着再做下去。他说他最在乎的是我们毕业后能独立地从事科研工作。

1993 年 6 月的一天，在东北师范大学专家招待所，老师应邀参加了我们的毕业谢师活动，老师的一句话让我至今年年都会给我即将毕业的学生说起，以后也还会说下去：“小丁，我知道你喜欢做科研，但既然到学校当老师,首先还是要过教学关,至少要拿出半年时间……”回想往事,老师的话时时刻刻都在影响着我,现在也更加体会到教学工作对我来说是第一要务,作为一名高校教师,学生的肯定才是最大的成功。

2003 年哈工大(威海)成立数学系,我是数学系的首任负责人。那时数学系的教学工作已初步形成团队,集体备课、导师制、教学研究等工作也已形成制度,顺利展开。但是十多名只具有硕士学位的青年教师的提高、学科建设等发展问题随之而来,学科带头人的引进自然成了突破口。结合当时数学系老师学科分布情况,再加上同学向我透露老师因身体原因有换换工作环境的想法,2003 年秋天我到长春看望老师,并邀请老师来年春天来威海讲学(当时已有几个单位开始动作了)。2004 年 5 月,老师正式调入哈尔滨工业大学(威海)工作,从此和他喜欢的这片海,还有我们在一起工作生活,一晃就是整整十年。

王老师给数学系的发展带来科学的春风。他来之前,只有刚来校不久的崔明根教授和我两人带硕士,总共招两三个学生。王老师一来就从东北师范大学带来五六个硕士、博士,从此学术讨论班开了起来,几名青年教师也加入了进来。学术交流开始活跃,国内外的专家受邀来讲学的也多了起来。王老师还给我联系到一次去加拿大阿尔贝特大学学习的机会,虽然因工作到现在也没能成行,但学生培养要走出去的思想对我之后的工作帮助很大,现在我已有多名学生到过国外大学或中科院数学院联合培养。那一段时间数学系科研、教学相辅相成,各项工作初见成效。不久,我们有了硕士点,成为威海校区继车辆工程专业之后的第二个硕士点。另外,数学分析是数学专业学生最主要的基础课之一,老师一来就主动要求承担数学分析的教学任务,他讲授的课程不但受到本科生的欢迎,数学系的大多数中青年教师和期间在读的博士生、硕士生都再次听过至少一遍他讲授的数学分析课。

老师在他所从事的科学领域有很高的学术声誉,但他却始终朴实无华,一丝不苟,默默地做着他所喜欢的教学、科研工作。威海校区的很多师生不认识老师,却都听说过老师;一个只教几十名数学系专业学生的老师却被有一万名学生的校区学子们推举为“我心目中的好老师”;老师多年没有参加学术会议了,可不论我们到哪里一说来自威海校区,就有人问起他的情况,说正在读他的文章……

如果你多接触一些老师,你会深深感受到老师追求真理的坚毅和执著。为了随机生物数学理论的研究和推广,他用好几年的时间给学生打基础,一本本专著都是他亲自在讨论班上孜孜不倦地讲授给学生。如果你和他教过的学生多接触一些,从学生的话语中你也会体会到学生对他的崇敬和爱戴。如今老师已桃李遍布天涯海角,相信在天堂也会桃李芬芳。

老师的去世,对我们来说真的是晴天霹雳,老师走得太匆忙,没有再给我留下一句话,成为我今生深深的遗憾。

老师,想你的时候就去海边,肯定能看到你,因为你喜欢那片海!

(作者为哈工大(威海)教务处处长、教授、博导,哈工大教学带头人)

追忆王克老师

范德军

1985年,经原教育部同意,辽宁省开始试行师范院校单独提前招生,参加试行的有北师大、华东师大、东北师范大学等六所本科院校,这样1985年我有幸成为东北师范大学数学系的一员。那时王克老师应该是硕士毕业刚留校任教。虽然是新生,也经常听高年级的同学提起门卫室里特别勤奋的看门人,后来才知道说的就是王克老师。

也许是刚留校的原因,大学四年王老师并没有给我们这届本科生授课,1989年大学毕业,恰好王老师刚晋升为硕士生导师,我和另外一名同学就直接报名跟随王老师学习微分方程。那时东北师范大学数学系方程教研室实力极为强劲,大家都以能进入方程教研室学习为荣。不巧的是王老师恰好要去苏联学习,我和我师弟是由魏俊杰老师带毕业的,所以在东北师范大学阶段虽然有幸成为王克老师门下第一届硕士,但几乎没有得到老师的直接教诲。

2004年6月份左右,听丁效华老师说王老师要来威海看看,我去码头接王老师,那是我1992年毕业后(12年来)第一次见到老师,那时老师正受美尼尔氏综合征的困扰,看到老师有些憔悴的面容,心里很是难受。老师说威海干净、安静,有个大海,印象很好,决定调来威海工作。调入时,记得学校人事处等部门问王老师有何要求,他回答说:没有。当时大家都觉得很惊讶。老师对生活要求极低,记得我帮老师装修房子时,老师说越简单越好,能住就行。于是我就找了个木工,一共大约只花了两三千元,后来又买了些简陋的家具。现在去老师家里,还是原先装修的老样子。

王老师具有远见卓识,来的那个暑假就开始讲随机微分方程等课程,那个时候业内极少有人看好随机这个方向。这十年来,讲的文章无数，成本的书大概就有十本左右，这其中有一些是极其晦涩难懂的。王老师的讨论班一般每周两次，每次两到三小时，而且寒暑假加大强度，每次他都坚持自己亲自讲授，为了培养学生无偿地付出太多太多。在我家阳台就能看到王老师家的窗户，每当晚上熬夜很晚时我都习惯地向老师家看看，很多时候，他书房的灯还是亮着的，我知道老师那是在为他深爱的学生及挚爱的事业在奋斗！

十年的辛勤耕耘，王老师开辟的随机生物数学在国内独树一帜，成绩斐然，得到很多业内行家发自内心的赞许。王老师一生不计名利，不计得失，默默耕耘，如高山般令人仰止！

王老师非常热爱生活，酷爱游泳，一直希望能横渡刘公岛一次，可是由于种种原因一直未能成行，现在他长眠的地方恰好可以远眺刘公岛，希望这样可以了却恩师生前的一些遗憾！

王克老师匆匆地走了，可他的精神永存，永远激励我们前行！

（作者为王克老师1989级硕士研究生，现为数学系教师，本文写于2014年8月8日）

师生缘 父子情

——怀念我的恩师王克先生

范 猛

先生走了

2014年5月9日18时20分接到师弟的电话,告知先生16时突发脑出血,而且是脑干,多项生命指标一直在下降,陷入深度昏迷,正在抢救,医生告知可能很难熬过午夜。噩耗传来,晴天霹雳!怎么会这样?去年年末还曾去威海看望先生,相聚的场景仿佛就在昨日。震惊悲痛中迅即联系在长春的几位同门,于最短时间内确定了去威海的最优路线。我们连夜驱车赶往沈阳,随后飞往烟台,终于在10日中午赶到了先生身边。先生躺在病床上,静静的,好像睡着了,脸上还挂着些许微笑,仿佛在做一个长长的美梦,安详而静穆。虽然不愿相信眼前的这一切,但这真切而又心痛的事实却惨淡地发生在眼前,心如刀绞、痛不欲生,不过如此而已。11日,威海卸下了多日的晴朗,大雨滂沱,用凄厉的雨滴跟随我们一起哀悼叹惋,16时10分,先生走了,与世长辞。愿意也罢,不愿意也罢,接受也罢、不接受也罢,残酷的现实以最残酷的方式迫使我残酷地接受它。先生一定还有太多的不舍,太多的牵挂,太多的遗憾。但他还是走了,静静地走了,去天堂接受新的弥撒与祝福。

我与先生

斯人已去,往事如烟,一桩桩、一幕幕。键盘指尖敲动,脸畔泪痕划过。思绪在泪水中流淌,泪水在脸上肆意任性,浸润了我的记忆。

时光流转,最早听闻先生的大名还是在1993年,先生为我们年级的一、二班讲授常微分方程,经常听同学谈论他知识的渊博、讲课的精彩,余总后悔没能进入他的课堂聆听教诲。后来从为我们三、四班授课的方程教研室的王旭东老师那里对先生有了更多的了解。王老师告诉我,以后若能和先生继续学习,即使学不到他的学问,能学他做人,一生足矣。1994年,先生负责全国大学生数学建模竞赛的组织、培训和指导工作,我是参赛队员也是培训队学生负责人。和先生第一次的正面接触令我终生难忘。先生后来告诉我,虽然之前多位老师都向他极力推荐我,但他想先观其人再闻其言,最后我的出色表现给他留下了很好的印象,他才真正相信了我的才能。先生总教导我,百闻不如一见,切不可轻信他言,做学问尤其如此。1994年年末我被免试推荐为硕士研究生,面临选择导师,先生早已铭刻于我心,向往之。当时系里师资缺乏,要求我毕业后留校,我也提出了条件:必须学常微,必须做先生的学生。

在这以后的二十年里,我先后跟随先生读硕士、读博士,继而留校任教,作为先生的教学及科研的合作者长期共事。先生于我是师,同时亦是友,从相识到相知,结下了深厚的师生谊、父子情。1995年教育部启动"2002青年科学数学家培训基地"(北京大学数学科学学院承办),在先生的举荐下,我成为首批10名学员之一。在北大学习的一年中,经常听一些学者(包括一些著名学者)谈及先生求学时在收发室苦读的故事,作为学生,每每深感骄傲和自豪,同时也暗自立志成为先生那样的学者。多年来,先生从各个方面培养我、呵护我,教我读书、教我思考、教我做人,给我创造发展的条件和机会,助我成长成才,却始终不求回报。我常想有朝一日能回报于恩师,却发现时过境迁,物是人非,如诗云:恩师情常在,感激皆涕零。

记得1997年5月,我正在研究周期环境中的生物资源最优开发问题,一个关键之处难于攻克。苦思多日后终有所获,狂喜之下电话告知先生。当天下午系里召开全系大会,会前在方程教研室向先生汇报,先生很快就看出了我的疏漏之处,苦思却不能通过,在沮丧至极之时,先生轻声安慰道:“别着急,再仔细想想,你的思路应该是对的,我先去开会。”听完先生的话,我沉下心来仔细思考,大概四点多钟,我才终于完全搞清楚了。高兴之时我立即给先生打电话汇报结果,此时已回家的先生不顾辛劳,立刻驱车(他那辆古董级自行车)来到系里,检查后发现我的证明完全正确,先生和我都非常兴奋,因为这个棘手的问题终于可以收尾了。我在高兴之余不禁深深地为先生所感动,感动先生严谨踏实的学风和热爱真知的执著!

先生如是

先生是绝对的好人,严于己、宽于人,对学生倾尽心血,坚持有教无类,坚持因材施教。小语种的研究生很少有人愿意指导,先生欣然为之,并且亲自将英文材料翻译成汉语让学生阅读;无论学生来自哪个院校、无论基础如何,只要对先生的研究方向感兴趣、只要能坐得住板凳、耐得住寂寞,先生都聚而教之、分类点拨指导;无论是不是自己的研究生,先生都一视同仁,有求必应。作为一名教师,先生时刻践行自己的职业理想与操守,言传身教、率先垂范。善良崇高,这就是我们的先生!

先生指导学生、关心学生,事无巨细。读硕士时,在先生的鼓励下,我完成了平生第一篇数学研究论文,是先生用 EMTEX 亲自帮我排版的。清楚地记得,我把完成的手稿交给先生之后,第二天早上,先生把我带到计算机房,将文件拷贝给我,让我再仔细改改,并手把手地给我演示了一遍 EMTEX 运行过程。其实,那时我对计算机几乎一窍不通,打字也是“一指禅”。看着我一脸的茫然和不知所措,先生什么也没有说就走了。第二天,他带了一个练习指法的游戏软件和 CCT 排版手册给我,并亲手教我哪个手指负责击打哪几个键位,向我强调盲打的重要性。在先生的鼓励和要求之下,我学会了盲打、学会了 EMTEX 排版,从困惑到熟练,从不会到精通,资料卡片的制作、研究课题的选定、论文的撰写、期刊的选择……一宗宗,一件件,点点滴滴,太多太多!手把手,心比心,无处不见先生的关爱,无处不见先生的恩情,有先生为师，此生足矣！细水长流，这就是我们的先生。

先生是个纯粹的人，一生简朴，不修边幅，运动装是他的最爱。一件蓝色的衣服着身几年、十几年，那辆古董级的自行车也清晰地记录着岁月的痕迹。这就是先生，不在意吃穿，不讲究享受，不注重形式，不拘泥于小节，淡泊名利，随心随性而为。先生注重细节，识人、察事、断物细致入微。1998 年，随先生到鞍山参加生物数学年会，一次晚宴后，先生非常正式地和我说："范猛，以后和老师、长辈喝酒的时候，你的酒杯要放得低一些，以示尊重。"谁说先生不谙人情、谁说先生不懂世故，不与俗世为伍罢了。脱俗超然，这就是我们的先生。

先生不擅交往，却处事洒脱，为人坦荡、豁达。我与先生秉性相近，性情相投，和先生交谈几乎没有任何顾虑、畅所欲言，有时说了些不该说的，先生也从没有生气过。但先生深知这样的性格不完美，便劝我多向黄启昌先生学习，磨炼为人处世之道。"范猛，咱们两个性格很像，都比较直，有什么说什么，这不是坏事，不要把这优点丢掉。我不擅长交往，但你还年轻，有些场合还是必须要注意的。在学问上，你可以学我，但在为人处世上，你应该向黄先生学，黄先生这方面做得非常好。"先生离开长春去威海工作前，我们有过多次长谈。交谈中，我品味到了先生的不舍，了解了先生抉择的艰难，体会到了先生的忧患。2013 年年末，先生退休之际，我又去威海看望先生，先生非常高兴。向先生汇报工作、学术研讨之后，和先生边走边聊，先生很感慨地说："当老师的，有两件事最高兴，一是自己研究做好了，得到好结果，再一个就是培养出来好学生，看到学生在学术上超越自己。你现在已经超过我了……"闻听此言，深深汗颜，尽管先生以前也对我讲过类似的话，却没有什么实感。在我眼里，先生永远是高山，知识渊博，功底深厚，岂是我辈可比！席间，坐在先生身边，和先生讨论常微分方程教材的修订事宜，在修订的一些细节和配套学习指导书上，我的想法和先生的不完全一致。先生非常认真地对我说："范猛，想法不完全一致是好事，你要坚持你的想法，不要轻易向我妥协，我想的也不一定对，我们俩都再好好想想。"率真豁达，这就是我们的先生！

先生毕生醉心于学术、痴迷于数学，勤奋坚毅，求智终日，笔耕不辍，多年来著述颇丰、成就斐然。先生眼光犀锐，研究兴趣广泛，研究工作影响深远。先生陶醉于教学，娓娓而道让人茅塞顿开，谈笑风生令人心驰神往。曾听先生讲起他研究具有复杂偏差 FDE 的情形。当时安徽大学的郑祖庥先生来师大讲学，谈及该类方程非常重要，但无人关注，理论完全空白。先生意识到问题的重要性，连续苦苦求索 7 天 7 夜，建立了该类方程研究的基本理论框架，为后续研究指明了方向，他老人家也劳累过度，不得不卧床休养多日。如此痴迷，此等执著，膜拜！那篇论文发表时，由于是原始创新工作，没有任何文献可参考，在编辑的要求下，先生非常勉强地加了一篇参考文献。多年后，先生谈及此事，仍懊悔当初不应向编辑妥协。实事求是、问心无愧乃是先生一生所求。痴迷执著、恪守本心，这就是我们的先生！

先生多才多艺，热爱生活。游泳技术超然一流，乒乓球技艺独具一格，先生文笔之华美、涵养之丰富乃是众人皆知。先生所撰写的黄先生的纪念文章，朴实无华，情浸文字，催人泪下。先生弹得一手好琴，时时吟唱那耐人寻味的老歌。读书时每到先生家做客，音乐不绝于耳，优雅不断于心。经常播放的是邓丽君的歌，原因在于师母爱听。先生尤爱《莫斯科郊外的晚上》，虽未亲耳听他唱过，但我相信在天堂的某处，一定会响起天籁般的歌声。优雅从容，这就是我们的先生。

先生喜欢运动，对生活充满了激情，极具生活情趣。夏天游泳，冬日骑行。忘不了先生眉飞色舞地向我讲述他刚到威海时与年轻人疯狂飙车（自行车）的经历。每次相见或通电话，先生都会关切地询问我是否在坚持锻炼。自 1998 年起，先生一直想教我游泳，但由于儿时的原因，我一直怕水、畏惧游泳。先生 2004 年去威海后，曾多次让我有时间去威海和他学游泳，因为在海里游泳更容易。但这已经是不可能的事情了！不知道我今生是否能学会游泳，但先生游泳时的矫健英姿，定会在我脑海中铭刻终生。2010 年国庆节去威海看望先生，晚饭后一起在海滩散步，谈天说地，悠然惬意，先生一再嘱我一定要加强锻炼、注意身体。去年年末，又去威海看望先生，“范猛现在的身材不错，比几年前强多了，不过还得加强锻炼，注意保持”。音容笑貌，犹在眼前浮现，谆谆教诲，犹在耳畔萦绕，我仿佛听到了来自天堂的声声嘱托。生如暖阳，这就是我们的先生。

2000年后，先生几乎没有再参加任何国内外的学术会议，也没有到国外访问过，尽管多位国外学者盛情相邀，先生依然不为所动。先生虽然“退隐江湖”，不再问江湖事，但无论我们走到哪里，都有人询问先生的近况，关心先生的健康，赞誉先生的为人，谈论先生的学问。

先生永在

先生抱病后，同门师兄弟、朋友们陆续从四面八方穷尽各种最迅捷的方式来到威海，陪先生走好最后一程。师门相聚是我们所期待的，是我们一直计划着的，但却是在这样一个场合，任何人都不愿看到的场合。先生走了，留给我们的是他的传奇、他的风范。在他人眼中，先生一生清苦，苦得有点悲戚。但我坚信，先生是快乐的，因为他坚持自己的操守，随心而动、随性而生。

先生已不在江湖，但必将铭记于江湖。无论何时，无论何地，江湖都将传颂他的故事、他的传说，天堂必将有新的传奇！先生走了，留给我们的是他那未竟的事业，留给我们的是不竭的精神财富，留下了行走于数学江湖的八十余颗种子。先生毕生钟情数学、追求学术、执著付出、成就卓著、堪为人师，在他身上充分体现了一名数学家一丝不苟、严谨治学的求实精神，一名科研工作者不断探索、勇于钻研的创新精神，一名人生导师诲人不倦、教书育人的师道精神。

先生是座山，一座巍然耸立于我心中的大山，在这座山的呵护下，我由一个刚入学界的山伢子一步步成长为一名学者，由一名懵懂少年长成了一名人师。先生是座山，我敬重这座山，我佩服这座山，我仰慕这座山！正是这座山，让我有敢于拼搏的勇气；正是这座山，让我的生命如此精彩！我只想对那永恒的山说，在您的培养与呵护下，我正在成长为一座山！我不会后悔，屹立成先生那般的一座山，尽管不易，我会尽力、毕生努力。与先生相识相知二十载，师生之实，父子之情。对于先生的恩情，只言片语是难以表述完尽的。也许，就算穷尽我一生的时光，也读不尽先生的坚忍与坚守，也阅不完他的深沉和睿智，也品不尽他那山一般的伟大。

劫灰笔拙，临纸感哽，不知何言。先生谈笑的声音在耳边回荡，微笑的容颜在眼前显现，曾经的故事将永存记忆深处，它就像美酒，时间越久，越香、越醇、越浓。品味一生，回味一世，如亘古般，久远、缠绵。

谨以此文怀念我的恩师王克先生！

（作者为东北师范大学数学与统计学院党委书记、教授、博士生导师，王克先生的博士开门弟子）

作者后记：1994 年 4 月第一次与老师见面，1995 年 9 月到老师门下读硕士，1995 年 9 月至 1996 年 7 月在老师推荐下入选“2002 青年数学家培训基地”到北京大学数学科学学院学习一年，1998 年硕士毕业留东北师范大学数学系工作，1999 年 9 月至 2001 年 12 月在老师门下读博士，1995 年 7 月始与老师长期共事并开展合作研究，2011 年国庆节去威海看望老师、汇报工作，2013 年老师退休之际赴威海与老师相聚，这竟是最后一次和老师谈天说地，悲哉、痛哉！老老实实做学问，坦坦荡荡做人！这是老师给予我的终生的财富！

忆老师

苗春梅

2001年,我们——东北师范大学数学系97级学生考研。我们作为第一届基地班学生参加研究生考试,所有基地班课程都要考,当时20多个学生中能够坚持下来的都考上了。9月份入学之后要开始选导师了,当时很多学生都要选王老师,我也想成为王老师的学生,但是我没有信心,因为我的第一外语是日语。但是,当我跟王老师联系时,老师一口答应了,是王老师给了我一个成为他的学生的机会,这对于一个渴望进行数学研究的小语种学生来说是多么的珍贵,因为老师太清楚对于一个渴望学习的学生来说,机会是多么重要。

2004年,硕士快毕业了,我准备去日本读博士,但要提前毕业,老师什么都没说,帮助我准备提前毕业,但是由于签证办理不顺利,没有按时去日本,我又错过了找工作的最好时机,当我不得不选择在长春工作时,老师说:“跟我去威海吧!”我哭了。老师不多但珍贵的语言抚慰了我的痛处,老师不说,但老师理解。

2004年,老师要去威海了,我也马上要步入工作岗位。老师说:“要先为人,再为师,最后为学。”十年了,不管我的工作环境发生了什么变化,我一直坚持这么做。当有一点懈怠的时候,想想老师,想想老师的话,就又坚持下去。

2005年,我要考老师的博士,但是当时很多学校在招收博士研究生时是不招小语种的,尤其是日语,我跟老师说我从头开始学习英语,一年考不上考两年,老师说你找找全国有没有学校招日语的,如果有我来推荐,如果没有就考我的,因为老师太了解重新学习英语参加考试有多么艰难。

2009年,我博士毕业了,老师说来威海共同研究吧,我因为快生宝宝了就一直没有来到威海跟老师学习，多么想再听听老师讲课，可是……

王克老师对学生是无私的，我们作为学生无以回报，知识的传承在老师这儿终止了，但是老师的精神会一直传承下去。

（作者为王克老师 2001 级硕士研究生，现在长春大学理学院任教）

作者后记：2001 年 7 月与老师第一次见面，2001 年 9 月拜到老师门下读硕士，2004 年 3 月硕士毕业后到长春大学工作。工作后一直得到老师的鼓励和支持。于 2006 年考取北京理工大学攻读博士学位。2009 年博士毕业后，在老师的鼓励下申报国家自然科学基金青年项目，并获得资助。感谢恩师！

念师恩

——忆我的导师王克先生

何继伟

2014 年 5 月 12 日，周一，上午刚从家回到北京，还没吃饭，突然接到师弟刘蒙的电话，说王老师明天告别，来客名单上怎么没有你的名字，好多师兄弟姐们都已经万里迢迢赶来了。

我赶忙问是哪个王老师，是我们的导师吗？得到真是晴天霹雳一样的答案！老师已于周日不治而逝。当时顿感天旋地转，这怎么可能，春节的时候还跟老师通过电话，依然是熟悉的声音：我身体还行，去年已经退休了，不过还有几个学生要带，还给学生上课！当时我还许诺等放暑假了就去看老师，老师挺高兴。可是转眼间就要与老师阴阳两隔，急忙查询北京到威海的飞机，当天的飞机已经来不及，火车要到第二天中午才能到，也来不及了！我打车去北京南站，想坐高铁到济南，晚上再打车去威海，刚好朱瑞华师妹打来电话，说怕来不及了，第二天很早就要去告别了！我只好匆忙从出租车上下来，只觉得天旋地转差点栽倒在绿化带中，出租车师傅说不行就赶紧打 120。我强忍剧痛仰脸问苍天为何这么不公，我老师这样的大好人怎能就这么英年早逝，泪水已经满面，一步步走回了学校。

上次和老师见面是 2008 年暑假，我带着爱人去参加泰安的生物数学年会，去之前跟老师打过电话，问老师是否去参加这次会议，老师说年轻的时候参加了很多学术会议，现在已经基本不参加学术会议了，我就说等会议结束了就去看老师。在泰安遇见了范猛师兄，范猛师兄说本打算给老师过六十大寿，老师不同意，他就不去威海了。当时我就想等老师70岁退休(当时哈工大博导是70退休)的时候一定要大办一次,也不枉老师辛苦培育了这么多优秀的学生。我徒步爬上泰山,又一步一步走下来,整整一天,脚都不会走路了。我拖着僵硬的腿脚取道济南,坐火车去威海。快到哈工大的时候老师迎了出来,推着一辆自行车,自行车又回到了在东北师范大学时的模样,上面挂满了各种各样的锁,大概是老师总找不到钥匙的缘故吧!老师带我们找了住的地方聊了聊当时的情况,老师挺开心,在威海过得挺好的,总说威海是个好地方!第二天早上四点多我和老婆去海边看日出,可是那天早上不是特别晴朗,到了六七点钟也没有看到太阳从海平线上冉冉升起的盛况,正要回走,突然看到老师骑着自行车来到海边,把自行车放在路边,穿着泳衣直接跳入海水中游了好远好远,我用肉眼都看不见了,我和我老婆就感叹老师身体真好,我中午跳到海水里都感觉凉,我老师却能大早上在海里游泳,体格真是太好了!一直等了很久才看到老师又一路游了回来,径直走到路边骑上自行车回去了!后来我和老婆又去海鲜市场买了好多海鲜想去老师家一起煮了吃,没想到老师一口拒绝了,后来就打道回府了,没想到自此竟是永别。去之前也没有和别的师兄弟联系,本想通过老师联系,没想到再没见到老师,也没有别人的电话,只好悻悻而回。

我和老师的相识应该在1998年,我大一的时候在一班,而王老师是三四班的数学分析老师,一开始只是听说王老师讲课特别好,许多人翘课去听王老师的课,我那时是比较老实的孩子,也就没敢翘课。所以也就没机会聆听王老师的讲课。再后来和王老师的接触是大四的暑假前夕,当时在吉林大学有个数学暑假学校,我刚好在院办遇到王老师,我就征求了一下王老师的意见,没想到老师非常支持,还说需要复印什么资料都可以到院里去复印,记在老师的账上就行,我当时真是感动坏了!研究生开学后,给老师打电话说要做老师的学生,老师非常高兴地接受了。自此以后只要是老师的课我就去上,感觉老师的课真是上得太好了,一看就是经过非常认真的备课,能把课讲得特别特别的细腻,不管是多么难懂的课程都能讲得让所有人都能听懂。我至今记得老师用了两个下午七八个小时的时间讲一个环域定理,我当时就觉得这个世界上再也没有能把课讲得这么好,能把一个定理讲得这么透彻的老师了！我至今觉得遗憾的是，老师总是上午给本科上课，下午给我们上课，一点半就上课，我当时总是刚吃完饭就跑去上课，特别的困，有时候就打盹，着实对不起老师！

2004年春天的一个下午，老师正在上课，可是当天下午有北大王铎的报告，到三点的时候许多的同学就去听报告了，我看了看老师的学生没有去的，我当时权衡了一下，还是去四楼听报告了，没想到就是那个下午，王老师告诉大家一个重要的决定——他要调动工作去威海了。他说威海是一个非常好的地方，他已经去考察过了，他早就想去，可是他一直等到将最得意的弟子——帅智胜送毕业，送到加拿大读书，才最终做了这个决定。可是老师也没有舍弃我们这些学生，可以将我们全部带去威海，着实非常高兴。期末的时候像毕业生一样，收拾行李托运去威海，依依不舍地告别刚处不久的女朋友去了威海，到威海后受到了丁效华师兄和范德军师兄的盛情款待。当时在山东大学威海分校有个数学暑假学校，就每天去上课，没事的时候就到海边去玩，开心极了。上完了暑假学校，老师又给帅智胜开了一门叫上同调的课，让我们陪太子读书。所以老师对帅智胜真是费尽心血，煞费苦心啊（据我所知，至2004年老师最得意的弟子有范猛、帅智胜等）。开学之后老师给我们上随机微分方程，其实老师也很多年没有做过随机的东西，就从最基础的开始一点点的补，自己先搞懂了，再给我们讲，天底下再找不出第二个像老师这样的，六十岁了，几乎从零开始研究一门新的学问！苍天不负有心人，老师终于在威海这片蓝天下为哈工大开辟了一片田地，在这个领域里为哈工大培养了许多优秀的硕士、博士，有很多的佼佼者，诸如李文学、刘蒙、邹晓玲等。

我当时已经是研三了，面临找工作和考博士的双重选择，老师非常支持我考博士，可是老师刚到威海，第一年还没法招博士，就推荐我考魏俊杰老师的博士，由于哈工大的博士是春季入学，我就要回东北师范大学准备答辩和考博士，我依依不舍地告别了老师和众位师兄弟，第一次坐轮船从威海到大连，我当然也记得大早上送我的师弟李萧剑、师妹钟云娇、张静、朱红光等人。没想到那年英语考得不好，只考了45分，辜负了老师的厚望！2005年毕业找工作的时候，拿到了好几个offer，当时给老师打电话帮我选择，老师说还是选一个好一点的大学,平台会好一些,以后的出路也会多一些！所以综合权衡后选择了位于保定的华北电力大学,211 大学,到我的老家也有直达车。一干就是六年,在这六年里忙忙碌碌,买房子、结婚、生孩子。只是在 2008 年的时候去了一次威海看望老师。毕业后,我也一直惦记老师,逢年过节总会给老师打电话,老师总是非常高兴。我也有好多次说要报考老师的博士,老师都欣然同意了,可是我由于结婚了有家有口,威海又是千里迢迢,所以就一直没有报考,不知道老师有没有为此而生气啊?老师啊,学生实在对不起您。您对我的恩情深似海,我却还没有来得及报答,总想等自己混好了,像范猛师兄、丁效华师兄那样的时候再去看老师,也能给老师长脸,可是老师没能等到那一刻！

在长春上学的时候曾经跟冯由玲和李展去看望过老师,老师家非常的简朴,家具非常简单,也没有地板,水泥地上只有一层地板革,这在寒冷的东北是很少见的。不过老师对生活还是非常乐观。老师每天上班总是骑着一辆挂满了车锁的自行车,和后些年在威海的情形差不多。

王老师,我真的很想你,有时候夜里想你的时候会泪流满面,总是觉得再等等再等等,等我混好了一定改善改善老师的生活,报答报答老师！没想到老师就这么匆匆地离我们而去了！我们这些学生是老师一生最大的财富,老师把毕生的心血都给了我们这些学生。而我却还没有来得及为老师做些什么。有时间我一定去老师灵前拜祭！逝者已逝,我当更加努力才不辜负老师的一番厚爱！

老师,您一路走好,天堂里没有痛苦！我们永远不会忘记您,永远爱您！

2014 年 5 月 25 日星期日泪流满面缅怀已逝世两周的恩师王克先生！

（作者为王克老师 2002 级硕士研究生,现在对外经贸大学攻读博士学位）

作者后记:2002 年 7 月与老师第一次见面,2002 年 9 月拜到老师门下读硕士学位,2004 年 7 月随老师到威海学习,2005 年 7 月硕士毕业到华北电力大学(保定)数理系工作。2008 年 8 月重回威海拜谢老师。十多年来一直沿着老师指引的方向进行科研,受益颇丰。

我的老师

钟云娇

王克教授是我国知名学者,2004年之前在东北师范大学工作。我是他的2003级硕士研究生。

刚入学的时候,“非典”刚刚过去不久,王老师便在第一时间研究SARS传播模型,力图为国家做一点点贡献。其间在查阅各种文献时接触了随机微分方程,并且认识到了随机微分方程对研究实际问题的重要性,于是义无反顾地踏入这一未知领域。王老师对随机微分方程的知识了解不多,几乎是从头学习。这个学科本身门槛很高,很难,当时,国内做随机微分方程的人比较少,著作更少。王老师在寒假期间研究了这个方向,翻看了能找到的所有相关资料。在我研一下学期,老师就开始在我们的讨论班里讲授随机微分方程。短短半年时间,从没有基础到能够讲授这门课程,老师付出了多少辛劳我不得而知,但是老师这种对知识孜孜以求的精神和雷厉风行的学习态度,是我们感受至深的,同时也被老师的聪明智慧所折服。

王老师是有雄心的,他想在国内随机微分这个领域建立一个团队,多培养一些学生。老师一边深入研究,一边和我们分享研究成果,他就像一把刀,为我们披荆斩棘开辟出一条平坦的道路。对于研究学问,也许老师会累,但从不觉得苦,他是乐在其中的,他和我们说过很多次,他喜欢做学问,他认为这是一件开心快乐的事。

2004年,王老师从东北师范大学调到哈尔滨工业大学(威海)任教。我和几个师兄妹也一起来到威海。由于手续等问题,老师2004年没有带研究生,只有我们六个在威海的师兄妹一起上讨论班,有的时候老师讲,有的时候我们几个师兄妹讲。每次我们讲的时候老师都会参加,他会笑眯眯地坐在一边听,十分怀念透过厚厚的眼镜,看着他眼睛眯眯的样子。那一年也许是老师最轻松的一年,虽然老师要给本科生上很多课,但是研究生这只有我们这几个让他操心。2005 年老师在威海这边开始招学生,系里的年轻老师和其他老师的研究生也都陆续过来听课,老师从不藏私,给自己的学生讲什么,给别的学生讲什么。如今,王老师的不少学生在随机微分方程方向上做得风生水起,也算是圆了老师的一个心愿。

在生活中,老师是一个和蔼可亲、平易近人的长者,处处为学生着想。由于我和我的几个师兄师妹并不是哈工大学生,生活在校园中有多种不便,老师经常询问我们有什么困难,并给予帮助解决。王老师就像家长,生活中林林总总的小事他都会关心,我们租房子的时候他会帮我们踩点,考察地理位置、住宿条件,他点头我们才可以租;我们的床单被罩不是自己洗的,而是每个月送到老师家里用老师的洗衣机洗,洗完就晾在老师那,过两天去取,老师都叠得整整齐齐的给我们。我们在威海的第一个中秋节,老师怕我们想家,把我们找到家里一起过,我们吃的东西都是老师从超市买来的,记忆最深刻的是其中四盘菜:肥猪头肉、瘦猪头肉、圣女果和小柿子,这些都是老师自己菜谱里的常见菜,需要加热的就是炖白菜,但这是我过得最难忘的中秋节。

王老师是一个乐于提携后生的人,他乐意跟学生和其他年轻教师分享自己在科研和教学方面的点滴经验。他为人宽厚,生活中对学生关爱有加,但是学术上却很严格,教育我们要堂堂正正做人,诚实守信,绝对不能学术造假。毕业之后,我也成了一名教师,老师郑重地和我谈了一次话,聊了很多,最后提出了三点要求,第一要做好人,第二做好老师,第三是做好学问,而且老师强调,这三点的顺序不能变。这三点要求,也成为我一生的座右铭。

回忆里满满的是老师对我们的关怀和照顾,师恩如海,我却未及点滴回报,这是一种无法弥补的悔痛。

(作者为王克老师 2003 级硕士研究生,现为哈工大(威海)数学系教师)

作者后记:2000 年第一次与老师见面,2003 年 2 月在老师的指导下做本科毕业设计,2003 年 9 月入老师门下读硕士,2004 年跟随老师到哈工大(威海),2006 年 7 月留哈工大(威海)数学系工作,至 2014 年 5 月,一直与老师在一起。

长恨浮生短 无以报师恩

吕敬亮

认识老师已有十年了,但我依然记得老师当初朴素的衣着,乱乱的头发,和蔼的笑容。还记得老师开始讲解随机微分方程时,我听得云山雾罩,老师多次鼓励我们:咱们大家一起学,一起攻克这座大山。是老师激励着我们从不会到会,再到非常熟练。我们的课题组在随机生物数学领域能取得今天的成绩,也都是老师一步一步趟出来的。从2004年到现在,老师无报酬地给我们讲了随机微分方程领域的至少6本教材,逐渐加深了我们对此领域的理解。每次老师都是不厌其烦地把每一个有难度的知识点讲解出来,唯恐我们掌握不好。老师有时候也教导我们,课堂讲得太细也不一定好,这样学生可能不能很好地独立思考,形成依赖性,各种教学的优点尽量兼顾,从学生的角度出发,争取让学生把难点和重点听懂。

去老师家里请教问题的时候,很多次老师已经在楼下附近的地方等着我了,还有几次老师都直接骑着自行车来找我,这样的一些事,反映王老师就是这样一个平易近人的长辈。老师在平时给我们上讨论班的时候,经常告诉我们:做学问,首先要做好人。在科研道路上一定严格要求自己,一就是一,二就是二,不能有半点马虎。记得我第一次写随机方面的文章,从题目的选择到研究思路,几乎都是在王老师指导下进行的,把终稿发给老师把关时,我记得很多地方老师仍然做了修改,而且让我作为第一作者和通讯作者。老师的原话大致是:你们年轻,评职或获奖什么的都需要"一作"这样的硬性条件。回想当年,选择博士生导师的时候,已久闻王老师的渊博学识和正直的为人,没有任何顾虑地考取王老师的博士。今天想来,自己是幸运和荣幸的。

老师上学期的几何课在N楼上,很多时候上完课,我都是等着老师和老师一起沿路走回来，路上经常和老师请教问题，聊聊天。老师走后的那段时间里，我去N楼上课，每每走那条去N楼的南北路，心里都很不是滋味，脑海里浮现老师的音容笑貌。几个月前我还常常陪着老师一起沿着路散步交谈的，可是现在已经没有机会了，老师已经永远地离开了。

记得前几年系里组织去昆嵛山旅游，那时王老师已经60多岁，一路上我陪着老师一起登山，登到一多半的时候，我担心老师太累，就劝老师在半山腰休息，别再向上登了，老师却不服老，说都快到山顶了，不差这点路了，坚持到山巅，而且是比较早地到达。现在回想起来，老师是那么的健康的一个人，却毫无征兆地离开了我们。

老师喜欢威海。老师曾经多次说，喜欢威海的居住环境和工作氛围。学校紧靠大海，每年夏天老师都是5月到10月下海游泳，一般游泳1个小时左右，游泳既让老师锻炼身体，又放松心情，一举兼得，这是老师喜欢威海的最大原因之一。

老师是学俄语出身的，但是老师的英语却很不错，用老师的话说就是和外国人交流没有问题。老师去欧美几个国家做过学术访问，用切身经历检验一切。后来我们才知道，老师为了学好英文，从80年代以来，几乎每一天都抽一些时间来学习英语，每天都坚持英文听说，这样的毅力让我们自愧不如。

老师突然发病的那天下午，救护车送老师去医院的路上，我就在老师的身旁，看着他痛苦地呼吸和昏迷的样子，我心乱如麻，这就是昨天还好好地给我们上课的老师吗？突然得病让人难以接受。记得老师昏迷的那天是周五，本来那周六、周日老师要给我们上讨论班的，但正好赶上有工科数学分析的期中考试，在周四上老师的几何课的中间休息时，我和老师说了这些情况，就建议老师周六周日两天的课暂停，因为我们做学生的知道老师平时太累，总是争取让老师尽量多休息，老师却说：怎么又上不了了？语气中透露着失望。没有想到那天的课竟然是老师给我们上的最后一次课。

在医院，我和永成师弟（王永成，系王克老师独子——编者注）在照顾老师接受核磁共振分析后，我听到医生说的结果，更是难以相信。

我以为是老师的美尼尔氏综合征复发了，以为在医生的护理下几天就好起来，可谁曾想会是这样一个难以接受的结果。看到昏迷的老师，心里祈祷希望奇迹发生，可是老师最终还是没有醒过来，临走前连一句话都没有交代，就离开我们了。

想到老师一辈子任劳任怨，还没有享受夕阳之乐；想到我以后再也听不到老师上课，听不到老师对我们的教诲了，心里愈发悲痛。老师走了三个来月了，我还完全没有反应过来，就像做梦一样。心里特别后悔没有和老师说更多的话，没有向老师多请教问题，没有作出让老师满意的研究。可是，什么都来不及了，这些后悔、愧疚和悲痛，已经永远都没法弥补了！

（作者是王克老师 2007 级博士研究生，现为哈工大（威海）数学系教师）

作者后记：第一次与老师见面是 2004 年 9 月。从在威海工作开始，一直听老师的课，跟从老师学习随机微分方程，2007 年考取老师的博士，2011 年 6 月博士毕业。这么多年来，一直接受老师的教导，把老师看成为人、为师、为学的楷模。老师病发后从送老师入院到送老师走，都在老师身边。老师离开的这些时间，每每想到老师，心里都很不是滋味。这样好的一个老师，我能说的和能做的就是向老师学习。

纪念我的恩师王克先生

杜姗姗

5月11日早上突然在QQ群上看到同学说老师病了，我焦虑地问了一句怎么了，随即收到两个同学和丁老师的回复说老师可能保不住了。晴天霹雳啊！我颤抖着拨通了邹晓玲的电话，了解情况后立即决定回去看望老师，买了最快的机票，可是当我晚上9点钟到达学校时得到的消息却是下午四点钟老师已经走了……

说起与老师的缘分是从2004年我进入大学开始。一入学便得知数学系有个非常牛的教授会给我们上课，终于经过漫长的等待在9月底迎来了第一节数学分析课。至今仍然印象深刻的是在上课铃快响的时候走进来一群老师的研究生，我当时就觉得他们好拉风啊。当即萌生了将来要跟老师读研究生的念头。但是当年这个最初由于年少的虚荣心生出的念头在日后的时间里慢慢变得坚定，而想要风头的初衷也渐渐消失。

2008年考研成绩出来，我终于有资格成为老师的研究生，开始接触到老师致力多年的研究方向，也开始在老师的指导下开始写文章。当时我第一次学习用LATEX，捣鼓了好些天终于做出来几页东西，拿去给老师看的时候老师满口都是称赞，说我学习得快等，就是在老师和胡贵新师姐的指导下我也完成了我的第一篇正式论文。临近研一结束的时候我找到老师，表达了我想继续跟着老师念博士的想法，但当时老师说他的两个名额已经收满，于是给我介绍了蒋达清老师，不巧的是蒋老师的名额也满了。在这条路走不通的时候正好家人提出让我出国，于是读博的事再没提起。直到当年9月，那天是保博报名的最后一天，由于另外一个同学的成绩不够保送资格，老师的其中一个名额便空缺了下来。那天老师打了好多个电话找我，让我去报名，但是我当时出国心切便拒绝了。

2010年毕业，我为了办签证的事情要提前离校，老师得知后便提前请我们吃饭。最后我送老师回去的时候老师还跟我说读博的事情是他开始办错事了……最后由于签证两次被拒，我也只好放弃了出国。同时，放弃了读博机会也成了我说不出的悔恨。我自问自己何德何能，居然让老师说出他办错事的话。

我不是一个好学生，研一的时候因为和学校一个老师发生顶撞而让老师出面解决，研二的时候为了出国时常不在学校学习，还浪费了老师的一个博士名额。进入社会从事跟专业毫不相关的工作，也逐渐开始忘记老师的教诲。去年开始我因公出差去过好多次潍坊，也产生过顺道去威海的念头但都未能成行。后来我安慰自己说今年夏天老师66岁生日的时候我要回去看望老师，可是现在连这个机会都已失去。

再一次地，我又体会到“子欲养而亲不待”的滋味。对于老师想说的还有很多，但总觉得无论怎样都表达不尽对老师的爱和崇敬，更无法言尽老师的伟大。最后实在不知道该如何结束，还是那句话：成为老师的学生我很自豪，下辈子我还想继续做老师的学生。

（作者为王克老师2008级硕士研究生，现在重庆上汽依维柯红岩商用车有限公司工作，本文2014年5月16日写于重庆）

作者后记：第一次与老师见面是2004年9月，2008年9月到老师门下读硕士。2010年7月毕业离开威海参加工作。2014年5月得知老师病危消息后赶回威海，却遗憾未能见得最后一面。愿一生以老师为榜样做人做事！

怀念王克老师

范晓东

我是王克老师2008届的硕士生。刚来学校的时候，大家都在讨论选导师的问题，我显然没有心理准备，大部分同学都选完导师了，一周过去了我还没有选导师。一天下午，在宿舍的走廊里碰到了去洗漱的黄锐同学。黄锐同学说王老师还可以带学生，想报王老师的话抓紧时间和王老师联系。我很幸运，我可能是我们那届硕士生中倒数第一个或第二个成为王老师的学生，之后我向老师介绍了自己基础不好等情况，王老师说："没有关系，你可以去听一听本科生的课程。"老师针对我基础不好的情况，帮我规划了一下这两年要怎么念书。

转眼毕业已经有六年的时间了，有时和老师联系的多一点，有时和老师联系的少一点，最长的一次有将近一年的时间没有和老师联系，但是那段时间突然碰到了一个问题，问题很棘手、很乱。这时我想起了王老师，但我又想：自己这么长时间没有和老师联系，刚跟老师联系就问问题，老师会不会反感？我怀着忐忑的心情给老师发了个邮件，并且不时地查看邮件，老师当天晚上就给我回了邮件。老师是用心看了我的那个问题，言语之间老师也没有任何不满意的地方。我当时的顾虑没有了，用世俗的眼光来揣测先生的想法让我感到很尴尬。其实，我和老师真正接触的时间也只有一年多一点的时间，工作之后我做了一些管理助理的工作，科研几乎停掉了，但是我对科研还是保留了一份自信与执著，这份自信源于在研究生的这一年多的时间里，老师除了给我们打下坚实的基础之外，更多的是教给我们科研和教学的方法，只要想到王老师，就感觉自己有了某种力量。

2012年夏天，我和媳妇去了趟威海看老师。老师和我俩约定在老师家楼下见面，老师还是推着自行车，离很远就向我俩挥手。我们在楼下聊了很长时间，而且那次还碰到了崔明根老师。我自己感觉很高兴，但回去的路上媳妇说你老师有点怪，有点“乌托邦”，怎么也应该让咱们到家里呀，我说你不了解老师，老师不注重形式，这样避免了在礼节上浪费时间和精力，谈话有效率而且很轻松。从威海回来后偶然间看见了老师的一篇文章《怀念我的老师黄启昌先生》，知道老师最喜欢的一首歌是《酒干倘卖无》。我和媳妇坐下来反复听了很多遍，媳妇了解了有点“乌托邦”的老师，感觉老师的生活很像这首旋律所要表达的那样。我把老师去世的消息告诉媳妇，媳妇哭了，她说我变成一个“孤儿”了。我是今年考的吉林大学的博士，但是录取通知书还没有下来，媳妇说你先告诉老师一声，老师一直都很关心你，我说等通知书下来再告诉老师比较保险，万一出点意外丢人就丢大发了。听到老师去世的消息之后，媳妇一个劲地埋怨我，她说王老师最大的财富就是学生，我感觉她说得是对的，先生在物质上没有太多的追求，先生更希望的是我们把“酒干倘卖无”的做法传承下去，我也不知道这样揣测先生的想法是不是合乎先生的本意。

永远怀念我的老师王克！

（作者为王克老师2006级硕士研究生，现在吉林化工学院任教，本文写于2014年5月16日）

作者后记：第一次与老师见面时间是2006年8月末，2006年9月在老师门下读硕士，2008年7月硕士毕业后到吉林化工学院工作。工作后在科研和教学上也一直得到老师悉心指导，并且在老师的指导和鼓励下于2014年春考取吉林大学统计学博士。

恩师远去　精神犹存

——致我的硕士导师王克教授

郭　英

2014 年 5 月 9 日下午 5 点 20 分，我在去食堂的路上碰到了老师的在读博士，她说老师生病了，要去医院看望。我心中虽感不安，但因为晚上有课，便没有跟随前往医院。晚上讨论班刚开始还没到 20 分钟，我的电话就响了起来。老师的博士说，"你快来医院吧！"我的脑袋"嗡"的一下，匆忙赶到了医院。看着老师安详地躺在病床上，双眼紧闭，呼吸均匀，我天真地以为老师就是太累了，需要休息一下。虽然后来在老师的病榻前帮忙照顾，亲耳听到医生说老师的病情很重，可是我还是不愿意相信。我的眼睛一直盯着仪器上的数字，心中默默地祈祷，希望老师尽快苏醒过来。2014 年 5 月 11 日下午 4 点 10 分，老师的心脏停止了跳动。我的心中虽很悲痛，但还是认为奇迹会发生。晚上睡觉的时候，辗转反侧，眼前浮现的尽是老师上课时的情景。

2014 年 5 月 13 日早晨，当走出殡仪馆，看到那浓烟升起的时候，我的眼泪再也抑制不住，噼里啪啦地掉个不停。残酷的事实告诉我，这回老师是真的走了。那个和蔼可亲、笑容可掬的王老师已经远离我们而去。想起和老师的种种过往，本人虽然笔拙，但是仍然义无反顾写出想说的话，以纪念恩师王克教授。

谈起和老师的缘分，还得从 2006 年说起。那一年，我考上了哈工大的硕士研究生。8 月末，到威海校区报到那天，要学生自己选导师。经过询问，我才知道很多老师都已经招满了。后来在数学系的走廊里，恰巧碰到了迎面走来的老师。虽然之前，我在网上看到过老师的信息，但这次是我第一次见到老师。交谈一番后，老师很爽快地答应了做我的硕士导师，这让来自外地的我倍感亲切。第二天到数学系开会的那天，我才知道，我们那一届威海总共招了19名硕士生(包括16名英语生和3名俄语生)，王老师就带了其中的8名同学，创下了一个导师在一届同时带8名硕士生的纪录。虽然学生很多，但是老师对每位学生都很上心，不偏不向。

读硕士期间，正值老师研究随机生物数学的起步阶段，老师每天除了正常的本科生和研究生的教学工作之外，就是组织硕士和博士上讨论班。为了给我们打好科研的基础，他亲自上课，从无怨言。老师的讨论班很壮观，除了他自己的硕士和博士，也有其他老师的学生和一些年轻教师来听课。虽然讨论班的课程很难，但是老师讲起来通俗易懂，他总是能把握住学生最难懂最重要的地方，并耐心反复地给学生讲解，直到学生听懂为止。那时老师给我们的感觉是他的知识面太广了，广到我们难以置信。课后，我们开玩笑地说："老师简直就是一部活字典，这才是大家风范。"

老师除了教我们知识和做科研，还教给我们做人的道理。他经常会给我们讲他的一些故事，激励我们好好学习，把握好人生的方向。学生有困难的时候，老师总是会尽力帮忙。印象中老师的衣服很少，从不注重穿衣打扮，但是老师却很舍得为学生花钱。到年节时候，老师会请学生到家里或者到饭店吃饭。他说学习很苦，要我们注意身体和加强营养。老师默默地为学生奉献着，却从来不求学生回报。记得硕士毕业的时候，我们几个硕士在一起商量要给老师买个礼物。考虑到老师常年骑一辆破旧的自行车，我们便凑钱买了一辆新的自行车送给他。可是没想到，老师说啥也不要，硬是让我们给退了回去。毕业那天，老师又自己花钱请我们吃了顿饭。吃饭期间，老师很开心却又很不舍，他和我们每一个同学交流着、叮嘱着……

硕士毕业后，我回到了原单位工作。老师"学高为师，德高为范"的风范无时无刻不在影响着我。受老师"一切以学生的利益为重"思想的熏陶，我的教学理念发生了很大的改变。正是因为一切从学生的角度出发，一切为了学生着想，我对学生不再有怨言，教学效果居然很好，学生也很喜欢和我交流。虽然没有坚持做科研，但是由于老师的影响，我在教学上却有了很大的收获。2012 年 9 月，由于高校工作的压力，我不得不再一次选择攻读博士。万般无奈之下，我拨通了老师的电话。我是老师众多学生中很不起眼的一位，原以为老师都已经忘记了。没想到，老师竟然还记得我，他说："你基础不错，欢迎你尽快考回来。"正是由于老师的肯定和鼓励，我克服了很多困难，再一次回到了威海，开始了我的博士研究生生活。

2013 年 9 月初，再次见到老师的时候，是在老师的讨论班上。老师和我硕士毕业那会儿相比，没有太大改变。虽然头发更少更白了，但是他精神饱满，认真地讲解着每个知识点，说着他之前的故事。他的神情中透露着他是那么的喜欢教学，那么的喜欢学生，那么的喜欢数学科学研究。老师看到我又回来上讨论班，非常高兴。他给了我很多很好的建议，并让我有事随时找他。老师仍然很忙，老师的学生仍然很多（包括本科生、硕士生、博士生、年轻教师、其他在校老师的学生，还有慕名从外地来的学生等）。老师的一言一行充分地践行了一名教师的职业道德风范："爱岗敬业、热爱学生、严谨治学、为人师表"。

老师不仅是我科研的导师，更是我人生的导师。作为老师的一名学生，我倍感自豪和骄傲。"斯人已逝，幽思长存。"老师虽然走了，但他将永远活在我们的心中。老师，您安息吧！我们会永远记住您的谆谆教导。希望远在天堂的老师不会寂寞，能继续做他喜欢做的事。

似海深恩，永世不忘，老师的精神长存！

（作者为王克老师 2006 级硕士研究生，现在黑龙江八一农垦大学任教，本文写于 2014 年 5 月 15 日）

作者后记：第一次与老师见面时间是 2006 年 8 月末，2006 年 9 月开始到老师门下读硕士，2008 年 7 月硕士毕业回原单位工作；硕士毕业后，在老师的鼓励和帮助下，于 2013 年春考取哈工大博士，2013 年 9 月至 2014 年 5 月，重回威海再次见到老师，并一直参加老师的讨论班。

怀念恩师

刘　蒙

初识老师是2006年春季,那年我读大三,老师给我们上一门选修课----专业英语。第一节课之前,听同学介绍说老师是位"大牛",不光学问好,数学与生物学双博导,教学也非常好。果不其然,老师上课从头到尾行云流水,层次分明,脉络清晰,最让我头疼的英语单词在老师的讲解下竟变得如此可爱。最终这门选修课是我整个本科阶段学习最认真、取得成绩最高的选修课,这也为我后来英文论文的撰写奠定了良好的基础。后来,我得到了学校的保研资格,去拜访老师,说想跟着老师读。老师欣然答应,并让我去跟着师兄师姐听老师的研究生讨论班。为了照顾我们这些新学生,老师在讲课过程中一旦讲到我们没有听到的内容总是不厌其烦地重新讲解,一遍又一遍地在黑板上推导。但是由于没有基础,前面又落了很多东西,很多东西听不懂,我的情绪很低落。老师知道后,鼓励我说"坚持下来,多熏熏对以后的学习有好处"。正是大四这一年的坚持听课,才使得我有了比较扎实的随机分析功底,也为以后比较迅速地进入科学研究角色奠定了基础。

老师鼓励学术上百家争鸣,随时关注学术界动态,很多研究方向上的新文章都是老师首先发现并给我们详细讲解。老师主张边学边用,学以致用,以用促学,往往是一边学习着新知识,一边给我们分配着研究课题。老师业务上非常刻苦,很多时候夜里接近12点和凌晨5点多都能收到老师的邮件。

老师在生活上非常关心学生。有一次我去学校东门赶集,碰到老师,聊完天转身离去之际,老师突然叫住我:"刘蒙,你家里有没有高压锅?没有的话我那儿有两套,你拿去一套"。当得知我租的房子只能用电没有煤气,而老师的锅是用煤气时,老师非常惋惜:"真是太可惜了，高压锅作出的饭菜有营养，什么时候家里能烧煤气了告诉我。”老师对学生的身体非常关心。老师总是对我说：“刘蒙，该减肥了，别老坐在电脑旁，运动运动，身体是革命的本钱，游泳是减肥最快的运动，下次游泳和我一起去。”“老师，我不会游。”“没关系，我教你。”就这样，老师用三天时间教我游泳，第四天再让我要去教我时，由于天生不喜运动，便跟老师撒谎不舒服没有去，再往后便以各种理由搪塞过去。现在回想起来，心中充满着无限的自责、懊恼。

老师一生淡泊名利，时刻为学生着想。在我读博士时，时任校长看到老师办公室非常陈旧，就提出把办公室重新装修，被老师谢绝了。老师不允许学生给他买东西。记得我们上一级师兄师姐硕士毕业时给老师买了一辆自行车，竟被老师勒令退了回去。到我们这一届时我们同门几个“投机取巧”，给老师买了几本专业书籍，最终在我们的软磨硬泡并且再三保证以后再也不买的情况下，老师才收下。这也是我整个研究生阶段仅有的一次送老师东西成功。在我写第一篇学术论文时，老师的名字原来在第一位，我的在第二位。老师看到后让我把名字顺序调换。老师说：“我岁数已经大了，你们还年轻，需要这些东西，以后写论文把我放在最后一位。”时至今日，课题组所有论文的第一作者全部都是学生。在我的整个5年研究生阶段，老师一面给系里的本科生上着数学分析、常微分方程，给硕士生上着泛函微分方程，一面以讨论班的形式给我们上着大量的专业课，每周至少3节，每节至少2小时，不要任何报酬。在寒暑假或者院系期末考试之后还会变成每天都给我们上讨论班，甚至在身体有恙时也会坚持。有一次老师骑自行车摔倒了，胳膊、膝盖和额头都破了很大一块，可就是这样，老师没有告诉我们同门任何人，讨论班依然照常进行。我们劝老师停几节课，休息一段时间。可老师却说：“我没事，咱们的讨论班不能停，讲完这一部分咱们就可以做东西了。”在我的博士最后一年，面临着留校还是外出找工作的抉择。老师很希望我留下，可当我由于某些原因选择离开老师身边时，老师二话没说，向我推荐了若干高校，并详细地告诉我找工作时应该注意的事项。工作后第一年申请国家基金，老师仔细指导我申请书应该怎么撰写。在我写出申请书草稿后，由于家庭原因已经接近提交截止日期。老师知道后，仅仅用了一天时间便帮我逐字逐句修改完毕。而事后我才得知，老师当时身体不好，走路都需要扶墙。在得知获得资助后我第一时间打电话告诉老师，老师非常高兴，并告诉我使用经费时应该注意的事项，千万不可虚报、套用经费，时刻“如临深渊、如履薄冰”。而这八个字，也成了我新的座右铭，时刻提醒着我。

老师来威海后坚持锻炼，身体一直不错，困扰多年的美尼尔氏综合征也很少复发。所以当接到师兄的电话说老师病危时我惊呆了。一夜无眠，次日乘大巴赶到威海，再次见到老师时老师已重度昏迷。我能做的就是守在老师身边，为老师擦身、按摩，为老师祈祷，希望能感动上苍，希望有奇迹出现。但奇迹没有出现，老师就这样离开了，没有留下哪怕一个字。

老师对我的恩情跟父母一样，是老师手把手指导我怎样做科研，没有老师就没有我今天小的成就。老师您曾经说过，招我做学生是您的幸运。可学生却想对您说，能够拜在您的门下，才是学生一生的荣幸，而我不是您的好学生，很多时候违背了您的意愿，做了一些让您伤心的事，给您惹了很多的麻烦。在此学生真诚地对您说一句“对不起”，恳请满天的星辰把我深深的歉意带到您的身边。

在电话里再也听不到您那熟悉的声音“喂，你好，我是王克”，再也收不到您那充满关爱的邮件“注意身体，要多锻炼”，再也看不到您那熟悉的身影，只能在梦中与您相会。夜深人静，泪水从脸上滑落。老师，学生好想您。

（作者为王克老师2007级硕士研究生，现在江苏淮安淮阴师范学院工作，本文2014年5月18日写于江苏淮安）

作者后记：第一次与老师见面时间2006年3月，老师讲授《专业英语》课程。2006年10月得到保研资格后拜老师门下并开始参加老师组织的讨论班。2007年9月正式拜老师门下读硕，在老师的悉心指导下，2007年12月完成第一篇英文学术论文并于2009年3月在SCI期刊发表；2008年5月恳请保送老师的博士并得到老师首肯。2009

年9月正式正式拜老师门下读博。2012 年 7 月博士毕业到淮阴师范学院工作。工作后,老师一如既往地通过邮件和电话的方式在工作和学习上关心指导。2013 年初,老师拖着病体在很短时间内仔细帮助修改国家以及省自然科学基金青年基金项目申请书,使得项目顺利获批。2013 年 7 月底至 8 月初,回校参加老师举办的算子半群理论讨论班。2013 年 12 月份在老师退休之际和其他几位同门一道回校看望老师,再次当面聆听老师的教诲。

一封寄往天堂的信

张春梅

敬爱的王老师：

您好！

我先检讨一下：学生不孝，在国外没法回去，没能在最后的时刻陪着您！

可是我知道，老师您不孤单，您的家人还有您培养的那些优秀学生们一直都在那里陪着您！老师，这些年来，您一直都在不断奉献，谢谢您的奉献，才有了那么多优秀的师兄师姐师弟师妹！老师，您为我们学生辛苦忙碌一辈子，到了天堂好好歇一歇吧，记得要把您自己照顾好！还没有毕业的硕士和博士们，您也放心吧，您已经教会了我们如何做科研，我们一定会按时毕业的。我们都会带着你对我们的期待好好地学习和生活。老师，您安心地上路吧！您一路走好！

我在国外这两年一直以邮件的方式跟老师沟通，这次也以这种熟悉的方式跟老师告别。老师，认识您已经有9年了，3年的授课老师，6年的指导教师，在我心中，您早已如家人一般。记得大四保研后我就去找您当我的指导老师，您很爽快地答应了，我真的非常开心。大四那年我就跟着师兄师姐一起去上讨论班，写本科毕业论文那会儿，老师给了我许多好的题目和精心的指导，那段日子我一直铭记于心。老师，谢谢您的指导，让我的毕业论文成了优秀毕业论文。谢谢您！

开始读研究生以后，还是参加您的讨论班，学习随机微分方程、马尔可夫过程、泛函微分方程和时标动力学方程等，这些课程非常抽象，但是在老师的讲解下，我们也比较容易理解。在您的带领下，我开始了我的科研道路。第一篇文章发表到核心期刊上，达到了研究生毕业的要求。但是您仍然严格要求我，一步步地教我如何做科研：选课题、选题目、看书看文献、做题目、整理文章、查期刊、决定投哪个期刊、最终投稿、修改、接收，您给了我很多科研的新想法。到了研究生第三学期，我该决定是不是保送博士了，我不知道自己是不是有科研能力去完成博士学业。我犹豫着，不知道怎么办的时候，是您对科研的那种执著，对学生的那种奉献精神，让我最终决定继续读您的博士，我也就这样成了您的最后一个应届博士生。

博士学习阶段，第一学期去校本部学习基础课，所以没法参加老师的讨论班。我就经常以邮件的方式跟您沟通，您总是在最快的时间就回复邮件，给了我很多科研的想法和鼓励。第二学期我忙于申请出国，谢谢您这段时间给了我很大的鼓励和支持。我现在所在的学校——美国伊利诺伊大学香槟分校，您早些年的时候来过这个学校，说这里自然环境好，科研氛围也特别浓，适合学习。出国前，我们一起吃的最后一顿饭，是您请我们吃的，那顿饭吃得特别特别开心。刚到美国，科研不顺，谢谢您一直给我鼓励加油，给我很好的科研想法，让我有了动力继续努力。师兄师姐给我发来您在国内讲课的录音，老师您放心吧，我都认真听了那些讲课录音，有了许多的收获。出国这两年，我大多都依靠邮件的方式跟老师交流、汇报，每次交流都能有很多的收获。过年过节我给老师打电话，依然记得每次老师接电话的时候都是这样的：喂，你好，我是王克。每次给老师打电话，听到您在那边开心的笑声，我真的特别特别开心。

前一阵子刚跟老师汇报完我的学习生活，老师说挺好的。谢谢老师的鼓励！还有3个多月我就回国了，我是那么那么盼望回到学校，一直惦记着回去看看您和师母。我之前都想好了，回国了先去学校，看完老师我再回家。

可是，老师，这一切都来得太突然了，得知您在医院抢救的时候，我觉得天快塌下来了，我该怎么办啊？我找了个空地大哭一场。不过，老师，您放心吧，我会尽快调整好自己的状态，带着老师对我的鼓励和期待好好学习，好好生活！我要更加努力和加油！

老师，谢谢您这些年来对我学习和生活上的指导！谢谢您教会了我勤勤恳恳做事，踏踏实实做人！

老师,您安心地走吧!祝您在天堂过得开心!

您的学生:张春梅

美国时间2014年5月11日11:04

于美国伊利诺伊大学香槟分校

作者后记:第一次与老师见面时间2005年9月,2006年3月听老师的《常微分方程》课程,2009年3月由老师指导做本科毕业论文,该论文获“优秀学士学位论文”;2009年9月到老师门下读硕,在老师的精心指导下,成为金牌优秀硕士毕业生,毕业论文获“优秀硕士学位论文”,并以专业成绩第一保送到本校攻读博士学位;2011年9月到老师门下读博,在老师的鼓励下,2012年8月到老师早年前访问的学校——美国伊利诺伊大学香槟分校学习两年,出国时2万元保证金由老师提供。留学期间主要以电话和邮件的方式与老师交流沟通,在老师的悉心指导下,博士毕业时,已有多篇SCI发表。多年来一直记得老师的教导——要踏踏实实做科研,更要堂堂正正做人。

教师楷模

——从师两年有感

张向华

虽然王老师已经走了，但老师的音容笑貌还时常浮现在我的脑海里。王老师的一生是爱岗敬业、甘于奉献的一生；是乐于助人、不求回报的一生；也是宽以待人、严于律己的一生。春蚕到死丝方尽，蜡炬成灰泪始干，这两句诗在老师的身上可谓体现得淋漓尽致。

我有幸于2011年投入王克老师门下成了他的博士生，在博士一年级阶段我一直是在哈工大本部上课（修学分），直到2012年8月末我才来到老师身边。记得那天正逢星期天，天气十分炎热。由于我们几个博士生申请寝室需要老师签字，因此我们给老师打电话说想去家里找他签字，但老师却说："不用，你们在主楼等着吧，你们不认识路，况且你们刚下车都挺累的，我骑自行车很快就到了。"于是老师就顶着中午的大太阳跑来了。见到我们之后，先签了字，又嘱咐我们"今天抓紧时间安顿下来，明天就开始上课，利用我头三周没课的机会给你们讲一本书，补补课。"这时的老师已经是汗流浃背了。我们对老师顿时心生了几分感激之情，心想这位博导居然没有一点架子。自那之后的三周除了星期日之外，老师每天都是上午两个多小时，下午两个多小时拼命地给我们上课。由于是第一次讲，回家后老师还要消耗很大的力气和时间备课。当时老师已经64岁了，身体也不太好，但老师怕我们毕不了业，才不顾自己的身体坚持给我们上课。记得这中间有一次刮台风，我们担心老师的身体，便劝老师休息一天，但老师却说；"我的身体不要紧，不能停课，得抓紧时间。"经过二十多天的特训，我们的本事涨了一大截,但老师却累得路都快走不动了。即便如此,这个学期老师仍然在一周三天数学分析课的情况下,给我们开三天的博士讨论班。可以说王老师为了我们这些学生能顺利毕业,真是完全不顾自己的身体了。这种爱岗敬业、甘于奉献的精神值得我们每个人学习和发扬。

老师在讨论班讲课时经常说的一句话就是“教学相长”。他说:“数学这个东西,就得讲道理,谁说得对,就得听谁的。不要觉得自己是老师,在学生面前会丢面子,只有集思广益才能推动学术的发展,才能达到教学相长。”老师是这么说的,也是这么做的。我们在和他讨论问题时,如果是我们错了,他会耐心地给我们讲解,从不会责备我们;如果是他的问题,他就会虚心接受,并且在课堂上对为他指出错误的人大加赞赏。王老师对待别人总是这么宽厚,对待自己又总是这么严格。

在人们心中王老师是一个有求必应的人,不论是谁的学生,或是哪位老师想听他的课,他都非常欢迎,也不论谁有什么问题去找他,他能帮忙的也决不推辞。2013 年我的家人得了重病,我需要请假在家照顾家人,老师不但很痛快地答应了,还帮我查了一些治疗病痛的偏方。此外,老师还要给我拿一些钱。我坚持不要,老师才说:“如果需要钱的话,一定跟我说,如果我这不够,我再给你想办法。”对于王老师来说,这种乐于助人、不求回报的事情是不胜枚举的。

我生平遇到过不少老师,这其中不乏一些很优秀的教师,但像王老师这么优秀、善良的却是第一个,不但才高八斗,学富五车;而且谦虚谨慎,平易近人。他爱岗敬业、甘于奉献,乐于助人、不求回报,宽以待人、严于律己的光辉形象为我们树立了教师的楷模,老师永远活在我们心中,同时也希望王老师的精神和正气永存于天地之间。

(作者为王克老师 2011 级博士研究生,现在黑龙江科技大学任教)

作者后记:第一次与老师见面时间 2012 年 3 月,2011 年 9 月拜入老师门下读博士,至今仍在读。在读期间受到老师的悉心指导,使我无论在科研上,还是在教学上都得到了很大的提高和进步。感谢老师的教诲!

我和我的老师王克

吴瑞华

我有幸与我的老师王克相识于2011年的暑假。我本是中国石油大学的一名年轻教师,在科研中认识到自己能力不足以及工作方面需要,暑期时我有了读博士的想法。由于有家庭的缘故,我希望找离家近一些的学校就读,这时同事向我推荐了哈工大(威海)的王克教授。我的同事也在威海校区上学,他告诉我王克老师学问好,对学生指导很细心,语气有些艳羡。后来我在哈工大研究生院主页上找到了王克老师的联系电话,毫不犹豫的拨过去了。记得电话里王老师的语气温和,他说很高兴有学生喜欢他的研究方向,欢迎我报考,让我把我的详细信息发到他的邮箱。了解到我以往的学习和工作情况后,很快王老师就给我回复了,说很支持我,让我安心复习备考。

很快到了博士生入学考试的时间,考试很顺利,没想到上线后想入学却不容易。报考王老师的在职学生有两个过了分数线,可问题是,原则上每个导师只给一个在职的名额,而之前王老师并不清楚学校政策这个新的变化。但王老师为了每一个考试过线学生的前途,四处奔走,多次到学校询问他以前并不关心的招生政策之类的琐事。为了符合学校政策,后来他本人更是给研究生院写了申请,强调了他看好新进几位博士生在项目中能发挥重要作用。而我也在焦急的等待中迎来了2012年的圣诞节,那天晚上,我突然收到老师给我的电话,他兴奋地告诉我:“刚刚收到的好消息,校本部的吴勃英老师告诉我,你的名额批下来了。”我高兴得跳了起来,这是我收到的最好的圣诞节礼物,是王老师在圣诞节还在奔走为我带来的礼物。后来我更是听说,那段时间,王老师刚好犯了美尼尔氏综合征,走路都是扶着墙走的。知道后我感动得掉下泪来:没有老师的努力,我哪有机会成为工大的博士啊。所以，在读博士期间一直都警告自己，如果不努力的话，真是对不住老师。

我跟老师的第一次见面是在2012年的元旦。因为我们博一新生要先去校本部修学分，这半年的时间不在老师身边，老师希望第一时间跟我们见见面，了解一下我们的详细的情况，尽早指导一下我们下一步的学习方向。在师姐邱宏的带领下，我们去了老师家。老师家里很朴素甚至有些简陋，客厅仅一套老式沙发，一台电视机，更没有花哨的装饰。对此我感觉有些吃惊，后来师兄师姐告诉我，老师不注重这些物质享受，除了关心他的学问，关心他的学生，什么他都不在乎。记得老师和我们说话时面带微笑，说话少但不虚谈，指导我们的学习计划时细致而明晰，在临走时还送了我们他写的两本书：《随机生物数学模型》和《泛函微分方程的相空间理论及应用》。这次见面给我的印象深刻，老一辈科学家的形象第一次由影视概念走向了我的现实生活。

2013年8月，我们正式坐在教室听王老师讲课，讲一本很新的书《带跳的随机微分方程理论及应用》。因为我们几个都是属于转专业的，对随机这一块的知识很薄弱，老师不厌其烦，一遍一遍地带我们复习。在他的耐心教导之下，我们对随机跳的知识可以说是从无到有，然后有了深入的了解，进而把握到了该方向的前沿。这些后来成为我们的论文顺利开展的基础。

老师知识渊博，治学严谨。师兄师姐们对我说"遇到不懂的知识，你找王老师，绝对没错！"我跟随老师学习时，每次问他问题，他总是解释得游刃有余，总能给我启发，感觉在老师这儿，好像没有他解决不了的问题。我有次笑着问他："老师，这个领域你怎么什么都懂啊？"老师笑着说："坚持学几十年，你比我懂得更多。"看来任何知识的获得都是没有捷径可言的，即使一个人天赋再好，博闻强识，也需要付出长期的艰辛。我问师兄师姐们，这么频繁地去找老师问问题好吗，有些问题知道答案了之后发现好浅显，老师能高兴吗。师兄师姐们戏谑我，"你越是找老师问老师越高兴，你不去问老师才生气。"这样勤学好问的氛围更激发了我学习的动力。有一次问老师关于时滞的问题，老师给我耐心地讲了好几遍我还没听懂，自己都觉得不好意思了，后来老师又换了个角度给我解释,我终于听懂了。我叹了口气"这下我是真明白了。"老师笑着说"嗯,这下你是真明白了。"我一下笑了出来。后来在老师的指导下,我做了一篇关于鞅的论文,收到审稿意见说缺少数值模拟,我还向老师抱怨:"本来就是抽象的问题,怎么数值模拟,原来这方面论文都没这么要求的。"过了几天,老师下课后找到我说:"这几天我考虑了一下,有一些鞅是可以模拟的。"我当时就被感动了,没有想到,为了我稿件的一个小问题老师竟然这么上心,治学的态度这样严谨。就这样在老师的帮助下,经过了几次细致的修改,我的文章顺利发表了。

老师兢兢业业,无私奉献。在我所遇见的师长中,老师的敬业精神无人能媲美,让同为教师职业的我深受触动。比如他给本科生上微分几何,为了让学生对抽象的内容有比较直观的认识,他会花很多的时间画图,他的课件做得是如此的细心和认真,甚至我觉得花如此大精力来备课改课件,老师真是过于要求他自己了。最难忘的是2013年的暑假,学校都放假了,校园里一片静寂,但有一个教室却气氛热烈。一位白发苍苍的老师,冒着几十年不遇的酷暑,激情洋溢地给我们讲授抽象的算子半群理论,他浑身湿透,用一个小手绢不停地擦拭脸上头上的汗水。老师啊,是什么激励着你有如此饱满的热情?是抱着对学生负责任的态度,对知识学术的崇高热爱啊!

老师淡泊名利,宽以待人。一身运动衣或是一身冲锋衣,这就是老师的常年的服饰搭配,很简朴,但也帅气,老师从来是不需要用金装去增彩的。老师专注于自己的学问,名利职务他不愿去争,也不屑去争。要申请项目,也是为学生和该方向发展考虑,几十万的经费,老师从来没有为自己谋一分钱的福利,但是对学生却很大度,为了学生的前途出钱出力,毫不犹豫。我们每年教师节的时候去看望老师。事先都不敢跟老师说,也不敢买贵的东西,不然他肯定不让去。

在哈工大(威海)的校园里,我遨游在知识的海洋,接受着老师的悉心指导,享受着科研着带给我的乐趣,这一切让我爱上了这样的博士生活。可是……我的老师,敬爱的王克老师,突然走了,在2014年5月11日,走的是如此匆忙,一句话也没有留下。老师未完成的事情还有很多很多,总抱怨自己的时间不够用,要改版《常微分方程》教材,要编《数学分析》教材,《微分几何》教材也发现很多不足;老师要给学生讲的内容还有很多很多……

我想老师是带着遗憾走的,还有很多的工作他放不下,还有很多课题他还想探索;我想老师也是带着幸福走的,在他挚爱的科研工作中长眠,在他著作中永生。我不善言辞,不会用华丽的语言来书写老师平凡又伟大的一生,但我知道,老师的故事会一直感动我们,激励我们。

这,就是我的老师!

(作者为王克老师2012级博士研究生,现在中国石油大学任教)

作者后记:第一次与老师见面时间2012年1月,2012年3月拜入老师门下读博士,至今仍在读,是老师的最后一个博士生。在读博期间受到老师的耐心指导和无私帮助,引领我进入随机生物数学的大门,开始了我对随机生物数学的研究。老师对知识的探索精神及老师的科研品格时刻激励和影响着我,感谢恩师。

追忆我的导师王克先生

陈东东

我有幸于2008年考到哈尔滨工业大学(威海)数学系读书,从此开始了我与先生长达六年的共同生活。初次上数分课,来了一个慈祥的老头,面带微笑,穿着比较朴素。先生经过一番介绍后说:“我在上课时是有思路的,你们有什么问题,不要在课堂上打断我,可以在课下与我交流。”这顿时让我感觉先生的与众不同。数分课是一门享受的课程,先生的思路如同行云流水,就如连续函数毫不间断。我有时在课上发现了问题,本想于下课后询问先生,没料到先生犹如拥有读心术般地主动解释了我心中的疑惑。先生是很有原则的,令我印象最深的是他从不拖堂。我想先生是成功的,能够让我们这一届的学生都敬重的老师并不多,而先生却是其中之一。

先生平时十分酷爱游泳,你如果平时傍晚去学校西门的金海滩散步,十有八九你会看见一位老人在海里游泳,没错,那就是先生。先生几乎每天都会去海边游泳,无论夏天或是冬天。对于游泳,先生从来都是信心十足。记得先生说过,有一次一位著名学者来威海,先生带他去游泳,先生一脸嫌弃地告诉我们:“哎……某某的学术研究水平很高,但是游泳实在不行,实在游得太慢了……”先生幽默的话语赢得满堂喝彩,但从先生的话语中可以感受到先生与这位学者的友情至深。先生的身体很好,即便在寒冷的冬天,也只是穿着薄薄的运动外衣,这让我们更加敬佩眼前这位老人。

先生给我们的感觉如同世外高人,与世无争,我们都称眼前这位老人——克爷。最让我自豪的是,有几位外系的朋友知道我是数学系的学生时,就会提起数学系的牛人更是名人,那就是先生与魏俊杰老师,这让我更加庆幸自己是数学系的一员。先生的身体一直很好,教了我们两年，不幸的是，在我大四那年，先生骑着他那有些年头的自行车被车撞了。听到消息时我们的心都揪起来了，都祈祷着先生能够早日康复。后来先生康复了，但是总感觉先生的身体不如以前了，可能是落下了病根，身体抵抗能力退化，其他病也就慢慢显现出来了。后来，我有幸拜在先生门下继续读研，成为先生的关门弟子，读研期间深受先生的照顾。然而作为关门弟子，我不是一位好学生，没有继续读博，而是选择了就业。在学术上，我没有继续奋斗，我所能做的就是将先生的精神传承下来，发扬光大。

流年似水，岁月蹉跎，转眼六年已逝，缅怀先生，追忆过去。“今天只有残留的躯壳迎接光辉岁月”。先生虽已离我们而去，但其光辉的岁月依然牢牢地扎根于世人的记忆中，先生的精神将一直伴随着我们，鞭策着我们。心已碎，但志不毁，不愧先生才是我们今后的信念。绝此笔，纵万分眷恋，已成云烟。此生已尽，愿来世与先生再续前缘。

（作者为王克老师2012级硕士研究生，现在中国联合网络通信有限公司深圳分公司工作。本文写于2014年5月16日）

作者后记：第一次与老师见面是2008年9月，2012年9月到老师门下读硕士，有幸成为老师的关门弟子。2014年5月从公司实习返校途中得知老师病危，心痛不已，幸得见到老师最后一面。老师是学术界的泰斗，为人更是令人佩服！老师的精神值得我用一生去学习和品味！

缅怀我的老师

——致王克教授

陈天睿

直到现在我都不敢相信这是真的，恍如一梦。此时的心，此时的景，悲痛如斯，又岂是言语可以描绘的？闭上眼，音容宛在，言犹在耳。

老师说，学习要下苦功夫。

老师说，厚积方能薄发，基础一定要打牢。

于是几十年如一日，您利用周末和假期给我们讲授文献名著，风雨无阻。连续四个小时伫立讲台，铅注一般的双腿，私下里却说："让你们一个假期都在这跟着我学习，辛苦了。"

老师说，不要太注重形式推导，做数学，想法最重要。

老师说，学习要有侧重点，平分精力最不可行。

于是，我们能够听到很多教材之外的东西，每个闪光的点子，每种方法的思路。您总是旁征博引，及时引入其他更好的参考书目。

于是，我们学习微分几何，还了解了 maple，甚至不用自己找资源，所有的材料都是整理好的现成的。

老师说，教学相长，我的课堂欢迎学生提问。

老师说，我看不懂的地方也绝不会敷衍糊弄，提出来大家一起讨论。

于是，偶尔会听到老师抱歉地说，这个地方我还没太弄懂，不知道是不是这样。不过不必担心，下节课一定会听到对这一问题更精准的诠释。

老师说，你们以后也都会成为学术带头人，大的方向一定要有。

老师说，学生会的地方大可不必大讲特讲，反而是难点重点的地方一定要多加关注。

于是，名师高徒，师风永续，师兄师姐们都已成为各个学校的领头人。

现如今，想见风范空有影，欲闻教诲杳无声。

此去太匆匆！

记得老师说，退休之后要好好地规划生活，有太多的事情终于可以开始着手去做了。

记得老师说，退休之后一定要重新编撰数学分析和微分几何的教材，兼顾科研和教学。

当下，退休之期刚过，未竟的事业，未完成的规划，老师您，人在何方？

一如电影，尚未结局，便戛然而止，人生未及谢幕，灯已亮起。

悲乎哀哉！

（作者为王克老师2012级硕士研究生，现在哈工大攻读博士学位，本文2014年5月16日写于哈工大（威海）数学资料室）

作者后记：第一次与老师见面是2012年8月30日，有幸拜读在老师的门下攻读硕士学位，成为老师的学生。2014年5月9日到11日一直守在老师的病榻前。老师严谨的学风，诲人不倦的精神，令我折服。

我们不哭泣

苏　欢

王克老师您走了，就像您为人一样，走得很安静，走得很慈祥，走得很突然，没给别人带来一点麻烦。同学们都说“或许是上帝需要一位教授数学分析的老师吧”，但是我们真的舍不得您。

您是我们敬重的老师。虽然我不是您门下的研究生，但是对我们您毫无保留。我和系里许多的年轻教师听过您的许多课和讨论班，只要我们去听，您就给我们复印资料；只要我们提问，您就耐心地解答；当我们科研迷茫时，您还指导我们如何寻找科研方向，给我们很多的鼓励。

您是我们慈爱的父亲。您给予了学生父亲般的关爱。记得 2009 年我们小两口刚刚参加工作，几乎没有什么积蓄，也没有住房，想在外面买套房子，除了家里凑的钱外还需要一大笔钱。您得知后主动提出借给我们钱，您说您儿子也马上要结婚买房子，您还剩十万元钱了，可以都借给我们。

您是我们无话不谈的朋友。跟您在一起我们可以跟您畅所欲言。跟您讨论目前的经济，谈论生活中的乐事，听您讲一些您的故事，讲一些数学家的故事。最有意思的是，您讲完笑话后，总是自己很严肃，把我们逗得很高兴。

如今，您驾鹤西去。我们不哭泣，因为您给予了我们满满的财富；我们不哭泣，我们还要做向您一样的好老师而努力；我们不哭泣，我们还要朝着您指向的数学高峰继续攀登。

尊敬的王老师，您一路走好。

（作者为哈工大（威海）数学系教师）

作者后记：第一次与老师见面时间2004年8月，尽管王克老师不是我的导师，但2004年8月至2014年5月一直在老师的讨论班上学习，深得老师教诲。

放在心底的思念

于 丽

有些人的幸运细水长流，有些人的幸运厚积薄发，我属于后者。积累了十几年的幸运让我成为王老师的学生。两年中的每一天我都在耳濡目染着学者大家的风范，学术上严谨的大师，生活中亲切的长辈。

关于王老师，所有人的印象中都有那么几样，破旧自行车的吱呀，花白的头发，长年游泳的黝黑皮肤，一年两身运动服，听你提问时不会盯着你的眼睛，而是弯腰侧耳，面带微笑。对学生从不训斥，但学生都会怕他，每次交论文提问题之前都惶恐不已，生怕自己因懒惰和大意引起老先生的不快，而事实上，得到的都是鼓励。

这几年不大像毕业后最初那样经常问候老师了，是不敢，觉得工作上学术上没什么成绩，羞于汇报，只是从群里看到师兄弟姐妹告知王老师上课的信息，一面心疼老人家辛苦，一面欣慰老人家身体还不错。

师从名家，贵不在学习多少知识，毕竟时间太短了，让人受用一生的是，看到过老师如此，你便不敢自大，不敢懈怠，不敢应付，不敢说辛苦。预期暑假的旅行一半是为了看望老师，远不是因为有了点什么成绩，而是人过而立，知道了该对感激的人说声感谢。想来老师也会像父母对待子女一般，不期待我们腾达，只要平安，只要不止步。

久违的见面不会实现了，今日十六时，恩师仙逝。我会把您放在心里面，继续生活。

（作者为王克老师2006级硕士研究生，写于2014年5月11日晚）

作者后记：第一次与老师见面是在2006年8月份，选导师的时候老师很愉快地同意并鼓励我好好学，经过两年耳濡目染，深刻地感受到老师的为人治学风范，终生难忘。毕业后经常得到老师的教导和鼓励，最后一次联系是在老师离开前的两个月，当时老师欣然同意推荐我去做访问学者，言谈亲切精神矍铄，没想到一别竟再无机会相见。今后会以老师为榜样，用行动缅怀恩师。

怀念王克老师

陈知文

王克老师去世了,走得如此突然。

也就意味着,在学校里的学弟妹们,再也看不到那个总是穿着单薄在校园里骑自行车的老头儿了。同样也意味着,不管我们什么时候重回校园,也永远没法补上未和他拍一张合照的遗憾了。

毕业两年,每天繁重的工作和独立面对社会的压力,都在削减着那些曾经在象牙塔里的“不合时宜”的记忆和联结,以适应这截然不同环境的变化,然而有些东西,却至死也不会随着时间而沧桑。

2008年的秋天,军训后黑炭一样的我们忐忑不安地坐在教室里,翘首等待着王克老师的第一堂数学分析课,那是本科最核心和基础的一门课,我们被告知上课的是“大牛”老师,全哈工大三校区数学系的四个二级教授之一,以及一串写在百度百科上听起来就很牛很牛,可我们当时都还听不懂的头衔和经历。而后,来的是一个穿得有点单薄的朴实老人,带着一点东北口音,没有华丽的个人成果罗列,也没有空洞洞大词堆砌的说教,很简单的自我介绍,很平易近人。但是,嗨,就是个老学究吧,众同学心里欲下定论,急切地想放下心中的那种畏怯,犹疑不定。直到他为我们的心打开了另一扇“门”。他翻开手上的教材,眼神里仿佛有一种对着自己亲手雕琢的艺术品的钟爱,而后就进入了艺术家最享受的时光,那种详略得当,那种重点突出,那种形象而透彻,在芝诺悖论,在“三明治”定理,在选学的戴德金分割,乃至在整个实数系的完备性的所有定理的讲解中,透透彻彻淋漓尽致,把晦涩的高等数学,讲的是如此的生机盎然。那种对数学之美的代入,那种将学生对追求数学之美兴趣的激发,在所有的学生心中播种下有趣和自信的种子,指引他们带着对美的追求,来面对今后的人生。

对于教材，王老师有自己的理解，每一个定理的证明，他都会亲自去证，对于每一个重要的定理，他会告诉我们不要片面地接受书上的灌输，而是要思考，经常会有不同的证明方式被王老师自己做出来作为对比，有时候他会逗趣地告诉我们，“我的方法比书上简单，这个证明最好用我的”，有时候又会告诉我们。“这个证明书上的虽然简单，但是并不能体现精髓，你们最好用我这种笨一点的办法去证明，有时候办法虽然笨一点，但是却是解决很多问题最重要的方法，不能一味取巧”。针对每一个细节，老师会具体问题具体分析，提供一种视角，提供一些理由，让我们去思考去揣摩去体会。匠心独运，大巧若拙，他又时常会谦虚地告诉我们，“你们要是在我的证明里发现不对的地方，我鼓励你们去找出来并且告诉我”。不盲从不自是，他不经意的一些话，塑造的不止是我们的专业知识，也是一种独立的学者精神。

在那样浑然天成的熏陶之下，我们迸发了空前的学习热情，当年的场景好像还历历在目。一群人在通宵自习室到两点的鏖战只为了搞透一个定理，一节课下课，从 N 楼到 M 楼的群体狂奔赛跑，只为下节课能占到一个前排座位，那种对知识的渴求，是同学们发自内心的兴趣使然，“兴趣是最好的老师”，这也是老师一直在强调的一个观点。

而实际上，在每节课的剩下时间，老师并没有就着我们崇拜的眼神开始一本正经的升华，而是用一种近乎唠嗑的方式，和我们平心静气地分享他的一些心得。比如说，就着系里其他老师的故事来和我们说说数学界的趋势。比如说，“我去年看了崔明根老师写的《小波分析》，写得很好”，然后告诉我们里头的哪些东西特别有趣，用熟悉的老师的成果来做例子，一来讲得生动，二来增加我们作为数学人的自信。但是，王老师从来不会刻意提到自己在数学上的成就，而那本在各大院校广为流传的《常微分方程》教材，就是他自己所著。

王老师是个睿智的人，虽然低调，但是风趣。偶尔对思路卡住的同学幽默地点拨，偶尔的一两句东北俚语，课上气氛顿时活跃起来，就像第一堂数学分析课结束之后，他会站在学生的角度评价自己，甚至戏谑地把自己称作“这老头儿”，拉近和同学们的距离。“别整那些没用的”，在一些幽默之中，他会向我们传递一些正直的价值观，潜移默化，教书育人。老师鼓励交流鼓励沟通，绝不是闭门造车的死板理科思维，经常会和我们分享一些他和其他大师在学术会议交流的一些例子。

在面对真正的难点和难题的时候，老师会进入一种犹如战斗般的状态，那也是他面对人生大大小小关口所坚持的选择，那时候他身上的人格魅力达到了顶峰。“面对难题，要敢去憋着做，这是最锻炼人的”，每一个困难的证明就是一场战斗，逻辑和符号在他的手上排兵布阵，攻克难关，他经常如此比喻。他喜欢和我们说一些数学哲学层面的东西，犹如“道”一般的东西，谈到我们的未来。他会告诉我们，包括数学在内的每一个领域，“像打仗一样，你们要有做将军的决心，要努力成为厉害的元帅，要对自己有信心”。在这些时候，他总是放下老师的架子，放下取得的一切辉煌，和我们说他曾经作为知识青年恢复高考时是如何通过多次努力才考上大学，他从来不会因为他是德高望重的教授而用一种很轻松的姿态来掩饰他曾经的努力，他的出发点，是让学生得到真实体悟。他会真诚真实地告诉我们，天下一切皆是通过努力而得来，有战斗才会有收获，永远不要害怕失败，永远不要放弃努力。

而与此同时，老师又会根据时代根据学生的特点，去真正地理解学生，为学生考虑，哪怕只是本科生，这点是极其难能可贵的。他会根据学生的学习特点，想尽办法培养大家的兴趣，花费大力气讲授真正重要的知识点，既让大家掌握知识，又不至于在考试这种影响前途的事情上去为难同学，看得出老师真诚地信任我们每一个人，而不是以单独的成绩去武断地评价每一个人，他相信我们终将有自己不同的成就，因材施教，是为大师。

学术之外，最让学生津津乐道的是老师对于爱好的执著。对游泳的热爱，对搏击浪花、畅游蓝海的热爱，让所有人都能看到这位教授着最抽象学科的老爷子拥有的最感性的一面，不论冬夏踩着自行车穿过校园只为随心畅游。数学家其实亦是天生的诗人，你无法想象，这个看上去朴素而严谨的老头儿，会在为06级学长学姐们作图完之后，陶醉地欣赏着图，并用英文告诉大家，“It's so beautiful, I will show it to my girlfriend”，仿佛青春岁月从未离他远去。

大一那年,还记得有一次压力很大的时候下课找王老师稍微抱怨过其他的课程,这时老师并没有多一事不如少一事地一笑而过,而是停下去赶课的脚步,拉着我,很认真地和我谈了谈做人和心态上的一些东西。后来想想,这些东西,除了真正有心关心你的人如父母,没有人会去和你说。大二以后,除了偶尔的蹭课,已经很难再听到他讲课的声音了,偶尔在教学楼里碰到,一定会拉着他说个没完;大三的时候会问问他专业课的学法;决定考研了之后碰到他,竟和他一路从N楼聊到教工宿舍,清晰地记得他鼓励我的方式,真诚且直击内心,老师会先和我聊到一个曾经的学生,一个内蒙古的师兄,“个儿也是挺大的,和你差不多,就感觉和你挺像的,也是我喜欢的聪明学生,他后来也跨专业考研,考上军校了,去了之后也一直干得不错,留在了部队里,这不,年纪刚到四十,马上要提将军了。所以你也要加油,认真准备,但是不要有负担,你是肯用心的孩子,一定会有干成事的一天”,那时候真的很感动,能感受到他说这些是真心想鼓励你。后来咬牙住地下室找工作的那段日子,想想这些鼓励,心里便又坚强起来。

老师是个正直的人,不喜欢学术以外的应酬,也从不徇私,在道德上是楷模,整个学校有目共睹。因而大家和王老师的接触,除了课堂上和下课后的散步,几乎很少再有交集。偶尔过年贺年邮件之后的回复邮件,而今也成了珍藏:

(1)陈知文同学,你好:

放假过年,好长时间没看邮箱。谢谢你的问候,谢谢你对我的工作的肯定。真的很感动。

重新尝试证明书上的定理,这是个好主意。先看明白,再去做,应该没有问题。复习几何你也可以采用类似的方法,一个是做题,一个是去证明书上的定理。无论是做题还是证明书上的定理,都不必挨着做。因为这不是初学,是复习,所以简单的,已经会了的就不一定作了。挑难一点的,才有意思。

天道酬勤,功夫没有白下的。数学是非常非常有意思的,越学得明白,就越会觉得它有意思。

祝你虎年事事如意,学业有成。

王　克

2010 年 2 月 14 日

(2)陈知文同学,你好:

我一切都好。今年退休了。哈哈。

对你的印象很深。诚恳,好学。祝贺你找到好工作,也及时地调整了心态。很欣慰,你牢记我们的校训,规格严格,功夫到家。有了这种精神,到哪里都是好样的。

祝蛇年事业有成,蒸蒸日上。

王　克

2013 年 2 月 10 日

尤其是去年发第二封邮件的时候,老师还是如此乐呵呵的,本还满心想着回校看身体又恢复健朗的老师,补上因毕业时老师身体不适而未能一起照的合影。不由得想起毕业那年,王老师来参加我们的毕业答辩,他因为不慎受伤而忍受着身体巨大的痛苦,却表现得若无其事,一直坚持到最后,下楼的时候还问了我的去向。看着老师面色微露痛苦便赶忙扶他下楼送他回家,想着过两年回学校看老师,未知那时一别竟成永诀。人生无常,世当珍惜。

我们所看到的王老师,或许不如他盛年时带硕士博士师哥师姐们时那般全面,但作为本科生,能与王老师有如此交集,也足以见得老师对他的每一位学生极致认真的态度。早已著作等身的他,也早已硕博桃李满天下,人生无甚遗憾,况年事已高,本当颐养天年。而为何依旧能够如此认真如此严谨如此优雅地为一群嗷嗷待哺的本科生耐心讲解最基础的课程,我想这或许就是对事业真正的热爱,是真正为师者最崇高的师德所在吧。

师者,所以传道、授业、解惑也。

师道之尊严,由斯而立,师道之精神,长存不息。

老师一路走好,愿在天堂能重回青春享受您最爱的游泳之乐,搏击浪花,畅游云海。

(作者为数学系 2008 级本科生,现在深圳工商银行工作)

榜样的力量

“书读好了不愁没有文章，年轻人要沉住气，以后的路还很长，打好基础最重要。”

“使用科研经费时刻警醒，‘如临深渊、如履薄冰’，千万不可虚报、套用经费。”

“做学问，首先要做好人。在科研道路上一定严格要求自己，一就是一，二就是二，不能有半点马虎。”

“很欣慰，你牢记我们的校训：规格严格，功夫到家。有了这种精神，到哪里都是好样的。”

——王克

王克老师先进事迹报告会讲稿

主持人　谷松林

在我们威海校区有这样一位老先生,他胸怀祖国,铭记责任,为我国数学科学作出了重要贡献;他治学严谨,甘为人梯,把毕生精力献给了教育和科研事业;他爱岗敬业,尽职尽责,模范遵守人民教师的职业道德;他真诚纯朴,无私奉献,始终保持着当代知识分子的优秀品质。

他就是理学院二级教授、博士生导师、校教授委员会委员——王克老师。王老师虽然于今年5月11日永远地离开了我们,但他生前在学术上求真理,在教学上传真知,在做人上讲真诚的先进事迹却深深感动着校园。经校区党委研究,决定在全校开展向王克老师学习活动,并追授王克老师“师德模范”荣誉称号。

王克老师1948年8月31日生于上海。1978年3月考入东北师范大学数学系学习,1984年毕业留东北师范大学任教,2004年5月调入我校区数学系任教。曾任中国工业与应用数学学会理事、中国生物数学学会常务理事、《生物数学学报》编委等。

王老师长期从事数学教学科研工作,累计发表高水平论文280余篇,撰写教材、专著5部,主持国家自然科学基金项目5项,为泛函微分方程及生物数学在我国的传播与发展作出了重要贡献。

他曾获国家教委科技进步奖二等奖1项、三等奖2项,教育部自然科学奖二等奖1项。先后荣获宝钢优秀教师奖一等奖、吉林省英才奖章和优秀省管专家、省教育系统师德先进个人等荣誉称号。

王老师从教几十年如一日,教书育人,立德树人,诲人不倦,先后培养博士研究生18人、硕士研究生62人,许多学生已成为国内高等院校的骨干教师和学科带头人。

在他去世后的这些日子,同事们深情追忆与他合作共事的感人往事，学生们动情诉说他爱生如子的点点滴滴。他的真实与纯朴，他的坚毅与执著，他的奉献与付出，至今让大家感慨万千。

为大力弘扬王克老师的优秀品质和奉献精神，校区成立了先进事迹报告团。成员中有长期追随王老师的同门学子、有曾经多次采访王老师的校报记者、有受到王老师关爱提携的青年教师、还有数学系的本科生代表。

报告团成员——教务处处长丁效华教授跟随王老师学习并共事20多年，与王老师结下了亦师亦友的深厚感情。让我们一起听一听丁效华教授与王老师之间的感人故事。

学高身正铸师魂

报告人　丁效华

我叫丁效华，是王克老师早期的学生，这些日子只要一静下来，王老师的影子总在眼前浮现，让我不时地在回忆中恍惚。2004年的5月老师匆匆地来到威海，2014年的5月，老师又匆匆地走了。

说来我是与老师相处时间最长的学生了，1990年9月我考入东北师范大学数学系攻读硕士学位，一年后从俄罗斯学习回国的老师一边给我们这届研究生上课，一边开始指导我和另一位师兄的毕业论文工作。那时能在师大微分方程教研室读研在研究生里是很自豪的，何况指导老师还是有许多传奇故事的王克。

听魏俊杰老师说，老师的父亲原是位军队医生，“文化大革命”中受迫害而死，后其全家被遣送到农村。从1968年到1978年初，王老师在农村生活，先后当过农民和民办教师。1977年他以高分被东北师范大学数学系录取。为了晚上学习不影响其他人，他常年住在数学楼的门卫室。大家一年四季天天都看到一个剃着光头、不修边幅的人在数学系门卫室读书学习。新来的学生问那是谁，老同学会告诉他那是最用功的王克。

王老师 1981 年底在东北师范大学数学系完成了本科学习，同年又以优异的成绩考取了东北师范大学数学系的硕士研究生，师从著名学者黄启昌先生，从此走上了他辉煌的微分方程的研究道路。在攻读硕士学位期间，他就将著名的 Poincare－Bendixson 关于平面的环域定理推广到解不唯一的平面系统，硕士毕业不久就与黄启昌先生一起建立起了适合于研究具无限时滞的 Volterra 型微分积分方程的 Ch 空间理论，为研究此类有强烈实际背景的微分方程奠定了基础。

老师知识渊博，讲东西很细，总能用很恰当的例子和精炼的语言将泛函微分方程、微分包含、分形这些对初学者来讲宛如天书般的东西讲明白。在我的记忆中老师总是面带一种逗人的微笑，这与他一只耳朵听力不太好有关，但是老师治学却非常严谨，对我们要求也十分严格。记得有一次讨论班布置我来讲一部分内容，有一步推导我在提前准备时觉得应该很自然，到了讲的时候就说“显然的”怎样怎样，老师就让我解释一下，结果我却没有“显然”出来，站在黑板前一身大汗。这以后，不论是学习还是工作，“显然的”这个毛病没再敢出过。老师带学生十分注重能力培养，强调我们学习的主动性。他指导我们怎样去查资料，怎样找题目，怎样读书，之后又检查我们做得怎么样，然后和我们一起交流，尤其是当感到我们有了自己的一些思路和想法时他就很兴奋，总鼓励我们顺着再做下去。他说他最在乎的是我们毕业后能独立地从事科研工作。

1993 年 6 月的一天，在东北师范大学专家招待所，老师应邀参加了我们的毕业谢师活动，老师的一句话让我至今年年都会给我即将毕业的学生说起，以后还会说下去：“小丁，我知道你喜欢做科研，但既然到学校当老师，首先还是要过教学关，至少要拿出半年时间……”回想往事，老师的话时时刻刻都在影响着我，现在也更加体会到作为一名高校教师，教书育人、得到学生的肯定才是最大的成功。

2003 年哈工大（威海）成立数学系，我是数学系的首任负责人。那时数学系的教学工作已初步形成团队，集体备课、导师制、教学研究等工作也已形成制度，顺利展开。但是十多名只具有硕士学位的青年教师的提高、学科建设等发展问题随之而来，学科带头人的引进自然成了突破口。结合当时数学系教师学科分布情况，再加上同学向我透露老师因身体原因有换换工作环境的想法，2003 年秋天我到长春看望老师，并邀请老师来年春天来威海讲学。走时老师告诉我，他喜欢这片海，喜欢威海校区的工作环境。2004 年 5 月，老师正式调入哈尔滨工业大学（威海）工作，从此和他喜欢的这片海，还有我们在一起工作生活，一晃就是整整十年。

王老师给数学系的发展带来科学的春风。他来之前，只有刚来校不久的崔明根教授和我两人带硕士，总共招两三个学生。王老师一来就从东北师范大学带来五六个硕士、博士，从此学术讨论班开了起来，青年教师也加入了进来。学术交流开始活跃，国内外的专家受邀来讲学的也多了起来。王老师还给我联系到一次去加拿大阿尔贝塔大学学习的机会，他说搞科研一定要走出去，虽然因工作到现在也没能成行，但“学生培养要走出去”的思想对我之后的工作帮助很大，现在我已有多名学生到过国外大学或中科院数学院联合培养。一时间数学系科研、教学相辅相长，各项工作初见成效。不久，我们有了硕士点，成为威海校区继车辆工程专业之后能独立培养硕士的第二个硕士点。另外，数学分析是数学专业学生最主要的基础课之一，老师一来就主动要求承担数学分析的教学任务，他讲授的课程不但得到本科生的欢迎，数学系的大多数中青年教师和期间在读的博士生、硕士生都听过至少一遍他讲授的数学分析课。随着随机微分方程研究的兴起，他又将研究领域扩展到随机微分方程及在生物学领域中的应用，为哈工大数学学科创建了随机生物数学这一崭新的研究方向。

老师在他所从事的科学领域有很高的学术声誉，但他却始终朴实无华，一丝不苟，默默地做着他所喜欢的教学、科研工作。威海校区的很多师生不认识老师，却都听说过老师；一个只教几十名数学系专业学生的老师却被有一万名学生的校区学子推举为“我心目中的好老师”；老师多年没有参加学术会议了，可不论我们到哪里一说来自哈工大（威海），就有人问起他的情况，说正在读他的文章……

如果你多接触一些老师，你会深深感受到老师追求真理的坚毅和执著。为了随机生物数学理论的研究和推广，他用好几年的时间给学生打基础，一本本专著都是他亲自在讨论班上孜孜不倦地讲授给学生。如果你和他教过的学生多接触一些，从学生的话语中你也会体会到学生对他的崇敬和爱戴。如今老师已桃李遍布天涯海角，相信在天堂也会桃李芬芳。

老师的去世，对我们来说真的是晴天霹雳，老师走得太匆忙，没有再给我留下一句话，成为我今生深深的遗憾。

老师，想你的时候就去海边，肯定能看到你，因为你喜欢那片海！

主持人

想你时就去海边，这是丁效华教授对老师的深切思念，也是我们对王克老师的无限追思。

在王老师去世后的日子里，校报编辑部收到了许多缅怀文章，曾经多次采访王老师的隗海燕记者，在编发这些悼念文章和采写追记通讯的过程中，一次次被感动，下面我们请隗海燕来讲述一个记者眼中的王克老师。

春风化雨润心田

报告人　隗海燕

我是新闻中心记者隗海燕，2007 年以来多次采访过王克老师。时隔 7 年，我依然清楚记得第一次采访王老师时的情景。

那天晚上，我带着些许忐忑敲响了主楼 433 的房门，这间极为普通的办公室是我和王老师约好的采访地点。虽然已经听说过王老师的低调、亲切与随和，但面对这样一位学术渊博的资深教授还是有些紧张。然而见面之后，王老师长辈般的微笑打消了我的疑虑。

王老师给我的第一印象就是乐观，即使谈到“文化大革命”期间受到的不公正待遇和下乡生活中经历的苦难，他都没有半句怨言，脸上始终带着平和的笑容。说起当老师的辛苦和快乐，他特别健谈。他说:“为国家培养精英型人才是教师的使命……误人子弟是不可饶恕的罪过。”谈到他的学术成就和影响时,王老师却不愿意多说,只是笑着告诉我:“上好课,做好研究都是做老师的本分,没有什么值得炫耀的。”

稿子写好后,按照惯例要与被采访人见面,王老师在最短的时间内给予了回复,稿子里有不合适的地方,他都一一认真修改,就连标点符号都细心订正。稿子里写到他的学术成果和荣誉,都被他做了删除和淡化。在电话和邮件里,王老师还一再叮嘱我,不要过分地宣传他,并且言辞恳切地跟我说:“我不过只是做了一名老师该做的。我们数学系的很多老师和其他院系的很多老师也都是这么做的。”

其实,我在采访前就了解到,王老师在我国泛函微分方程和生物数学领域都享有很高的声望。他的很多学术成果不仅填补了国内研究空白,在国际上也具有很重要的影响,直到今天,他在泛函微分方程和随机生物数学等领域的成就和影响,在国内也鲜有人超越。2013 年 5 月,哈工大数学学科进入全球数学学科前 1% 行列,被基本科学指标数据库 ESI 收入的 668 篇论文中,王老师发表的那些具有较大影响力的学术论文赫然在列。

王老师一直坚持给本科生上课,从没有离开过他钟爱的三尺讲台。王老师在教学上勇挑重担是出了名的,系里安排的教学任务他从不推托拒绝,还经常承担额外的、有难度的教学任务。2014 年春,数学系青年教师毛井要去国外读博士后,但他的《微分几何》课开学后就要开课,这门课的难度又让许多老师望而却步,系领导找到了王老师,王老师听完后爽快地表示:“没问题,这课我来上。”而这时的王老师已经承担了每周 14 学时的教学任务,这还不包括他为研究生开设的每周讨论课。

后来的几年中,我和我的同事又多次采访过王老师,从老师和学生那里听到的对王老师的评价如出一辙:为人随和,低调淡泊,治学严谨,勤奋好学。在采访中,我们还听说了这样一件事情,王老师从 1992 年起就享受国务院政府津贴,但 2004 年作为引进人才来我校时,他却什么条件都没有提,包括他应该享受的国务院政府津贴。直到后来,人事处的同事在整理和查阅档案时才知道这件事。当时大家都很感慨。

我所接触的数学系学生在提到王老师时，都有一种特殊的尊敬和自豪。这位在校园里堪称“国宝”的二级教授，在课堂上时时展现出的大师风范，在学术界一直保持的江湖传说，对学生表现出的慈祥关爱，都在潜移默化地影响着周围的年轻老师和同学们。在第一届“我爱我师——我心目中的好老师”评选中，王老师以高票当选。

平时在校园里经常看到骑着自行车的王老师，每次跟他打招呼，他都会很认真地微笑着回以问候，虽然离那次采访过去了很久，王老师却一直记得我，并不顾我的反对坚持称呼我“隗老师”，能得到这样一位德高望重、学识渊博的老教授如此尊重，让身为后辈的我感动至今。

今年4月份，也就是王老师去世前不久，新闻中心策划采发了一组特稿，在《我们喜欢这样的老师》一文采访中，王老师被同学们提到的次数和认可程度都排在第一位。按照师德标兵典型宣传计划，王老师是我们首先决定采访并宣传的老教授之一，并把采访王老师的任务再次交给了我。然而，令我没有想到的是，这个计划永远无法实现了。

5月9日那天，听到王老师病危的消息时，我不敢相信自己的耳朵，那样一位热爱学生、热爱生活、热爱运动的老教授，前一天还活跃在讲台上，怎么会突然倒下呢？我和大家一样，那两天一直都在默默为王老师祈祷。王老师去世后的那些日子，我们编辑部每天都会收到来自王老师生前好友、同事和学生们的悼念文章。在编发这些悼念文章的过程中，我一次次被王老师为学、为师、为人的点点滴滴所感动，一次次忍不住落下泪水。

在采写追记王老师的通讯文章时，我们组织数学系的老师和同学召开了几次座谈会，从大家的动情讲述中，再一次感受到王老师的渊博学识、高尚品格和人格魅力。座谈会上，回忆起王老师生前的往事，想起他对知识的渴求，对教学的热爱，对学术的严谨，对同事的宽厚，对学生的关爱，大家都忍不住哽咽，很多人泣不成声。我认真整理采访笔记，一遍遍阅读那些悼念文章，一次次回想当年采访王老师时的情景,在沉淀和酝酿中,王老师熟悉的形象在我的脑海中一点点丰满和高大。那天,当一篇长达一万五千字的通讯稿在我手里完成时,已经是清晨六点,我向着窗外的晨光,像平时在校园里见到王老师那样,默默地说:王老师,早上好!

主持人

"为国家培养合格人才是老师的使命,误人子弟是不可饶恕的罪过。"王老师这句话折射出来的良师之德,将永远回响在我们后人的心中。

在王老师的学生心里,他既是严师,又是益友,也是慈父。数学系青年教师钟云娇是跟随王克老师从东北师范大学来到威海的硕士生,王老师像对待自己的孩子一样关心她的学习和生活。下面,我们请钟云娇老师讲述她与老师的师生情。

爱生如子育桃李

报告人　钟云娇

我是理学院数学系教师钟云娇,是王老师在东北师范大学的03级硕士研究生,2004年跟随王老师从长春来到威海。十年多来,老师既是指引我学业进步的明灯,又是教导我为人处世的长辈。

2004年,老师调入威海校区时没有为自己争取什么,却特意要了一个办公室给我们几个师兄妹学习用。虽然我们都是二十几岁的人了,但老师却拿我们当自己的孩子一样关心和照顾。那时候,只有我们六个在威海的师兄妹一起上讨论班。在讨论班里,有的时候老师讲,有的时候我们几个师兄妹讲,每次我们讲的时候老师都会参加,笑眯眯地坐在一边听。现在回想起来,老师戴着厚厚的眼镜,眼睛眯眯的样子还如在眼前。那一年也许是老师最轻松的一年,虽然要给本科生上很多课,但是研究生只有我们这几个让他操心。

由于我和我的几个师兄妹并不是哈工大的学生,生活在校园中有多种不便，老师经常询问我们有什么困难，并给予帮助和解决。我们租房子的时候他要去现场看一看，考察地理位置，住宿条件，他点头同意我们才可以租；我们的床单被罩自己洗晒都不方便，老师就让我们拿到家里，用洗衣机洗干净晾干，过两天去取时，老师都叠得整整齐齐的给我们。2004 年我们在威海过第一个中秋节，老师怕我们想家，把我们叫到家里一起过，虽然饭菜很简单，但却是我过得最难忘的一个中秋节。我和爱人刚结婚的时候没分到房子，就在东门外租了一间小平房，冬天没暖气，老师把他新买的电暖气拿给我用。如今家里有了地暖，当年白色的电暖气已经变成了淡黄色，可每次看见它就想起老师给我的关爱，心里暖暖的，又酸酸的。

老师是一个和蔼可亲、平易近人的长者，早年在长春时老师胖乎乎的，有个宰相肚，又经常笑眯眯的，我们私下里都觉得老师像个弥勒佛。来到威海之后，老师游了一个夏天的泳就瘦了下来，身体结实了，人也更精神了。老师经常督促我们锻炼身体，对我们几个女同学说：游泳对身体有好处，能减肥，站在水里不动，海水就能把身体里的热量带走。老师看了看我，可能觉得我不大适合减肥，就说，游泳也能增肥。老师的幽默风趣把我们都逗乐了，我们都感觉老师真是太可爱了。

2003 年我入学那会，非典刚刚过去不久。老师以科学家的责任感，在第一时间研究 SARS 传播模型，以求为国家和人民做一点贡献。在查阅各种文献时，他接触了随机微分方程，并且认识到随机微分方程对研究实际问题的重要性，于是义无反顾地踏入这一未知领域。当时，国内研究随机微分方程的人比较少，著作更少。王老师在寒假期间研究了这个方向，翻看了所有能找到的资料。从 2004 年春季学期，老师就开始在我们讨论班里讲授随机微分方程。短短半年时间，从没有基础到能够讲授这门课程，老师付出了多少辛劳我不得而知，但老师这种对知识孜孜渴求的精神和雷厉风行的学习态度，使我们感动至深，同时也被老师的聪明智慧所折服。我们明白，老师是有雄心的，他想在国内随机微分这个领域建立一个团队，多培养一些学生。老师一边深入研究，一边和我们分享研究成果，他就像一把刀，披荆斩棘，为我们开辟出一条平坦的道路。

老师是一个乐于提携后生的人,他乐意跟年轻教师分享自己在科研和教学方面的点滴经验。老师对我说,备第一遍课一定要下苦功夫,第一遍顺了,以后就轻松多了;老师说,课前多准备几道练习题,课不满的时候不至于措手不及;老师说,讲课时语速不要过快,声音要洪亮;老师说,监考的时候不要一直站在讲台上,要多下来走走……

老师对待学生就像对待朋友一样,学生问问题时,他总是耐心地解释,平等地讨论,他欣赏能和他面红耳赤地争论问题的学生。老师有自己一套独特的教学方法,讲授知识详略得当,点评到位,注重基础,兼顾知识的深度和广度。老师不止一次地说:越基础的东西越重要。他鼓励学生独立思考,注重因材施教,尽量照顾到各个层面的学生。听老师的课,如临春风,如沐细雨,如涓涓流水,不疾不徐,如同沐浴在知识的海洋,让人感觉学习数学也是一种享受。

老师为人宽厚,生活中对学生关爱有加,但在学术上却很严格。毕业后,我也成了一名教师,老师郑重地和我谈了一次话,提出三点要求,第一要做好人,第二做好老师,第三是做好学问,而且老师强调,这三点的顺序不能变。这三点要求,也成为我一生的座右铭。我始终牢记老师的教诲:堂堂正正做人,兢兢业业教书,勤勤恳恳做学问。

十多年的时间里,从长春到威海,从师生到同事,在我的心里,老师不仅仅是严师,更是慈父。人常说"受人滴水之恩,当以涌泉相报",而师恩如海,我却没有来得及给予点滴回报,这是我今生都无法弥补的遗憾,永远都填不满的悲恸。

我深深地怀念我的老师!

主持人

谷松林堂堂正正做人,兢兢业业教书,勤勤恳恳做学问,王老师用言传身教影响着自己的学生,也影响着其他院系的青年教师。

计算机科学与技术学院青年教师张兆心,因为偶然的机缘与王老师相识,又在交往中得到王老师的无私帮助,下面让我们一起听听这对忘年交的故事。

恩高义厚树楷模

报告人　张兆心

我是计算机科学与技术学院的张兆心，2007年从校本部博士毕业来校区工作，由聆听知识的学生变成传授知识的教师。初次站到讲台上，我心里既兴奋又忐忑，如何当好一名老师，如何将自己所学、所知、所想的知识更好地传授给学生，这些都成为当时我面临的关键任务。

有一次，我在校报上看到一篇报道王克教授的专访，王老师说："学生们把生命中最美好的青春年华交给了我们，我们只有努力教授给他们真才实学，才能对得起他们的信任。"尽管这个时候我与王老师不曾相识，但他的这句话却让初为人师的我坚定了一个信念：像王老师那样，做一名对得起学生信任的教师。

一天，在主楼门口遇到一位老先生，朴素的衣着加上一个特别的布兜吸引了我。到主楼研究中心看完一篇sigcom的论文，我习惯性地爬楼梯锻炼身体，巧合的是在楼梯间又遇到了这位老先生，中午回家吃饭的路上再一次遇到这位老者。一天的三次相遇，引起了我的好奇心。我打听这位老先生是谁，朋友告诉我，这是王克老师。当时我很惊讶，这位外表普通的老人居然就是让我敬仰的老教授。于是，心中的崇拜与敬重越发浓烈，我计划去聆听先生的授课，跟先生好好学习，没想到这个计划促成了我与王老师的"忘年交"，王老师也成了我以后为学、为人、为师的楷模。

我本人从事网络与信息安全方向的研究，研究中涉及很多算法与模型方面的数学知识。得知先生是这方面的专家，我决定冒昧请教。有一天，我鼓足勇气拨通了先生家的电话，说明来意后，先生爽快地答应与我见面，这让我非常开心也非常感动。去拜访王老师的时候，我首先将自己所研究的内容及背景做了介绍，先生一直专心地听着。背景讲完之后，先生表现出极大的兴趣，我们就拓扑抽象的各种抽象算法的研究，link-load、local-area、焦点折叠、树型收缩等一系列算法进行了深入交流。先生还非常耐心地帮我分析算法中存在的各种问题。先生谦虚的态度、渊博的知识、清晰的头脑和敏捷的思维给我留下了深刻的印象。

时间一晃，我在校区工作已两年有余。两年间，教学与科研的压力不断增大，工作中遇到了一些自己想不明白、想不通的问题，我又一次决定向先生请教，先生依然非常爽快地答应了我。再次来到先生家，把自己工作中遇到的问题向先生汇报。先生一直认真倾听，没有打断我。等我讲完后，先生对我说："努力做好你自己。好好做，我相信你一定可以成功。"能得到先生的倾听和鼓励，我的心里暖暖的。交谈中，我们自然谈到了学术研究与合作的问题。先生非常愿意与我合作，我们约好双方的团队进行一次深入的学术交流。5 月的一天下午，先生和他的团队成员与我们一起座谈，大家就图的划分、图的遍历、图的抽象等问题进行了深入交流，先生还鼓励他团队的老师和学生加入我们的研究方向。在先生的支持下，先后有多名数学系学生进入我的科研团队读研、学习，我也有机会与数学系的老师进行深入交流。

随着与先生交流的不断深入，我们都希望将交流成果落地。这时学校给我们提供了机会，威海市大学共建课题指南也希望理工联合申请。于是，我和先生决定联合申请这项课题，我负责课题的整体框架，先生负责任务划分、算法优化、单调性证明。在先生的悉心指点下，我很快将课题申请书初稿撰写完毕，向先生汇报。后期聊到经费问题，我问先生应该如何分配比例。先生说你们年轻人工作需要多，我自己没有任何要求。当时得知先生刚刚应约写完一本书，正准备联系出版社，就问他是否需要出版费。先生说如果需要的话会联系我，但是此后先生再未提及。后来我跟他说，要不我来帮你解决一点学生补助、论文版面费等，先生说："我还有一点经费，如果需要我给你电话。"但是直到先生去世，我也没接到他关于经费要求的电话。

能够申请到国家自然科学基金对于一名青年教师来说机会非常难得。刚开始时因为自己经验不足，一连申请了两年都没有成功。在迷茫中我又向先生请教。先生一如既往地给了我很多指点，同时将自己亲自写过的基金申请书和用心收集的许多资料都给了我。这些宝贵的指导和资料为我 2011 年成功获得国家自然科学基金青年基金、2013 年获得两项国家自然科学基金面上基金提供了很大的帮助。

光阴弹指而过，转眼到校区工作 7 年时间。从如何教学到如何做好科研，从如何做事到如何做人，在我成长的很多关键时刻都得到了先生的无私帮助。先生对我的关心，不仅仅体现在严谨的科学研究上，他待人的真诚、谦虚的态度、渊博的知识、好学的精神、敏捷的思维都值得我们青年人好好学习。

对我这样一位素不相识且是外专业的年轻老师，先生总是以拳拳爱护之心激励着我不断奋进。如今我的科研团队从二十多人发展到五十余人，经费也从年均几十万发展到过百万。我知道，学校还有很多像先生这样有着丰富教学和科研经验的老教师，在热情无私地支持着年轻教师的成长发展。从这些老先生身上，我深深体会到，作为学校教学科研工作的新生力量，我们应该脚踏实地地好好工作，少一些抱怨、少一些牢骚、多一些踏实、多一些实践，就一定可以作出一番成绩。

得知先生不幸去世，心中万分遗憾和悲痛，想到以后遇到困惑和难题时，再也不能去向先生倾诉和求教了，我忍不住潸然泪下。

斯人已逝，思念长存，最后，我要将这首自己写的诗送给天堂里的先生：

三十载风雨无阻三尺讲台，
三十载日日夜夜心系学生，
三十载光辉岁月只为梦想。
凌云壮志将落地，
傲雪凌霜无畏惧，
壮志得酬赴云端，
恩高义厚树楷模。

主持人

学生把生命中最美好的年华交给我们，我们只有努力教授给他们真才实学，才能对得起他们的信任。这朴实无华的语言诠释着王老师对学生的深爱。

王老师醉心于学术，痴迷于数学，被学生们称颂为“数学学科的百科全书”。他常年坚持为本科生上课，用爱与希望在学生心中播种兴趣和自信的种子。在数学系大三学生许嘉诚的心目中，王老师传道授业亦英雄。

传道授业亦英雄

报告人　许嘉诚

我是12级数学系的许嘉诚。

高中时，我认为自己很不适合学数学，填报志愿时，我刻意回避了所有和数学相关的专业。但命运的安排总是出人意料，我被哈工大（威海）数学系录取了。这意味着将要和最恐惧的学科朝夕相处，接到通知书时我无法抑制内心的忐忑和不安。入学后，我发现很多同学和我一样都很畏惧数学。专业介绍时，一位老师说，数学系的很多专业课都是由教授亲自讲授，特别是我们的第一门课、也是最重要的专业课——数学分析，是由一位堪称国内知名数学家的教授——王克老师主讲。我们所有人都感到有些不可思议，我突然内心觉得很幸运。

军训的休息时间，同学们猜想过很多次这位二级教授会是什么样子，因为百度列的内容让我们吓了一跳，如此成果丰硕的一位教授，真的会给我们上课吗？他会是一个什么样的人呢？军训结束后的第一节课，走上讲台的这位和蔼可亲的老先生，颠覆了我们所有人的想象——王老师穿着朴素的衣服，手拎一个破旧的布兜，笑眯眯地走上讲台。从那一刻开始，他那真挚的笑容就深深地刻在我们每个人的心中。

刚上大学的我们，对抽象的数学课程非常不适应，而王老师却把晦涩的数学课讲得精彩纷呈。王老师讲课非常流畅，详略得当，重点突出，形象而又透彻。每堂课前王老师都不惜花大量时间备课，从便于学生理解的角度设计每一个教学环节。记得学曲线积分和曲面积分的时候，抽象难懂的定理证明，让我们彻底傻了眼，可是王老师提笔画了几幅图，配合着细致的讲解，让我们很快就理解了那些证明题，令我们佩服不已。在王老师的引导下，我们深深体会着数学之美，他在所有学生心中悄然播下兴趣和自信的种子。

大一暑假我作为志愿者去拉萨支教，第一次站上讲台面对学生，才明白做老师的艰辛，才明白一堂课的背后需要付出多少汗水，而要达到王老师那样高的授课水平，又要付出多少心血和努力！

在王老师的课堂上，我们还感受到他严谨的治学态度。书上的每个定理，他都会亲自去证明，他告诉我们不要盲目地接受课本的灌输，而是要独立地思考。他曾在课堂上多次为我们指出书上定理证明的错误，告诉我们问题所在，又谨慎地给出证明。他说："数学是一门严谨的学科，如果是错的，那就要给出反例。"王老师很注重培养我们的创新精神，经常把涉及讲课内容的世界难题和一些有趣的猜想告诉我们。我的好朋友刘爽曾尝试解出王老师布置的一个学术界尚未解决的问题，虽然没有完全正确，但王老师对他的创新思路给予了极大的肯定，这使得刘爽深深爱上了数学。

王老师的平易近人与细致耐心常常令每一个接触他的学生感动。每次同学们擦黑板，他都会真诚地说一声"谢谢"；他会很耐心地回答每个同学的问题，即使再简单也会认真对待。王老师听力减退，每次我问他问题，他总是轻轻地把耳朵贴近我的嘴边，认真听完，然后笑呵呵地为我解答，现在回想起来，我依然被深深地感动。王老师深爱着自己的学生，他把我们这些本科生当成自己的孩子一样教导，对学生的每封邮件都认真回复，申请出国深造的同学需要有教授推荐信，只要符合条件，无论何时大家找到王老师他都会欣然提笔，成全每个年轻人的梦想。

在我们眼里，王老师不仅是学识渊博的大教授，更是和蔼可亲的长辈。我们尊称王老师"王老爷子"，在这位如家人一般亲切的长辈身上，我们领略到了真正的大师风范：正直，渊博，谦和，低调。

在王老师的指引下，我在短短的时间内从惧怕数学，到逐步感受到数学之美，再到深深地爱上数学，是王老师让我从迷茫彷徨中走出来，很快确定了自己的发展方向。在王老师以及数学系那些和王老师一样无私奉献的老师们的教导下，两年多来，我脚踏实地，勤奋刻苦，不仅连续四学期获得专业第一名的学习成绩，还在去年有幸成为我校唯一一名在大二就被评为山东省优秀学生的本科生。

然而，就在我们期待着王老师继续为我们讲述数学的魅力时，却传来我们无法接受的噩耗。老师去世的那天晚上，同学们都睡不着，用各种方式表达着对老师的怀念。告别仪式那天，所有在校的本科生、研究生，甚至已经转专业到其他学院的同学，都自发地提前在校门口集合。在殡仪馆，看着老师静静地躺在鲜花丛中，我们悲痛万分。他的每一个笑容，每一句话，都在脑中清晰地浮现，却已是再也看不到、再也听不到了。

追悼会之后第一天下午第一节课，原本是王老师给2011级本科生讲授微分几何，虽然学校已通知停课，但那天上课的时间，同学们还是不自觉地来到教室，面对空荡荡的讲台，想到以后再也看不到老师在讲台上微笑着的样子，大家忍不住落泪。

虽然王老师已离开人世，但他的笑容、他的话语、他的板书，仍然回响在耳边、浮现在眼前。王老师用他渊博的学识和独具匠心的教导为我们叩开了数学的大门，让我们初尝了数学的魅力。传道授业亦英雄，换来桃李满天下。

主持人

为了对得起学生的信任，王老师用心讲好每一堂课，从不让学生带着疑惑离开课堂。许嘉诚同学的深情讲述，让我们再次领略到王老师规格严格的治学态度。

作为王老师的最后一名应届博士生，刚刚从美国学习归来的哈工大理学院博士生张春梅，将为我们讲一讲王老师的纯粹与真实。

烛耀人生忆师恩

报告人　张春梅

我是哈工大理学院数学系张春梅，是王老师指导的最后一名应届博士生。2012 年 9 月赴美国伊利诺伊大学香槟分校学习，几天前刚从美国回来，有幸参加学校为老师举办的这场报告会。今天是教师节，首先向我的恩师和在座的各位老师道一声：节日快乐！

王老师是我的本科毕业论文指导老师，同时也是我的硕士和博士指导老师。是他引领我走进数学的知识殿堂，是他帮助我推开一扇扇通向成功的大门，是他教会我如何做人、做事、做学问。说起我的老师，最让我感动的是他对学生的负责态度和对职业的无限热爱。

多年来，老师不仅坚持为本科生和研究生上课，而且还主动承担系里难度最大的课程。除此之外，每周都坚持给研究生和博士生开设讨论班两到三次，每次两到三个小时，中间没有停歇，有时连水都顾不上喝一口。老师讨论班上所讲的内容都是研究的主流方向，而且老师会不断地为我们开辟新的研究方向。上老师讨论班的不仅仅是我们自己课题组的研究生博士生，还有别的慕名而来的老师和研究生。在讨论班上，老师总是主张学以致用，他会不断发掘许多新的问题，让下面听课的老师或学生谁有能力谁就做。

即使在恶劣天气的情况下，老师的讨论班也决不间断。有一年冬天，呼啸的北风夹杂着大暴雪，地上的雪堆得特别高，行走非常艰难，我们劝老师不要上讨论班了，可是老师仍然坚持来。老师说："咱们的讨论班不能停，讲完这一部分咱们就可以做东西了。"学校放假了，可老师的讨论班从不放假。

还有一次上泛函微分方程课，老师额头肿得特别厉害，我们都劝老师先去好好检查一下身体，课可以改天补上，可老师仍然坚持给我们上课。老师说不能因为个人原因耽搁了大家的学习。虽然生病了，可是老师讲课依旧非常精彩。看着老师对学生这般负责，作为学生的我们非常敬佩，同时也非常心疼，我们觉得要是不认真学习，真的太对不住老师的辛勤付出了。

除了课程表上列出的教学任务，王老师还亲自给学生义务讲授讨论班的内容，这种情况在国内外都非常少见，我在美国都是课题组的学生轮流讲。刚到美国时，要用英语讲，我觉得压力非常大。这时我才深深体会到王老师给我们讲这么多年的讨论课是多么辛苦，我们能听到老师讲课是多么幸福。在国外，过年过节我给老师打电话时，每次都会发自肺腑地说："老师我想听您讲课了。"老师总是乐呵呵地回答我："你回国后就能听见啦。"如今，我回来了，可再也听不到老师的讲课了！

这些年里，老师不仅教会了我们如何踏踏实实做科研，更教会了我们要堂堂正正做人。老师常说，我们要永远带着感恩的心活着，做事千万要对得起自己的良心。老师真实纯朴，表里如一，对他的学生只许自己付出，从来不图回报。听师兄师姐们说，他们看到老师的自行车非常破旧，担心骑着不安全，就凑钱买了一辆新自行车送去。可老师坚决不要，最后师兄师姐们只能把新买的自行车退了回去。我硕士毕业那年，我们几个学生知道老师是出了名的不收礼，就去超市买了些水果带过去，可仍然挨了老师一顿批评。我们知道王老师不是真心批评我们，他是不愿意我们学生为他花一分钱。他总是微笑着说你们把学习弄好就可以啦。

王老师特别节俭，吃穿都非常节省，一身运动服从长春穿到威海，一穿就是十几年，洗得发白了还不舍得扔。冬天上讨论班，脱掉外面的棉衣，里面的衣服和夏天一样，印象中从未见过老师穿新衣服。可老师对学生总是特别慷慨，几十万的科研经费除了给自己配了一台必需的电脑外，其余的全部用到了学生身上，鼓励大家发论文，支持学生们去各地参加学术会议。跟随他读博士的青年教师买房子急需用钱，他从自己的积蓄里拿出五万块钱救急；11 级一名在职博士生家里有急事，他主动借钱解燃眉之急……

我申请出国需要交 2 万元的保证金，正当我发愁的时候，老师主动说帮我垫付这笔钱。我万分感激，可老师和蔼地说，我也没帮你什么,等你回国了这钱也就自动还回来啦。出国前,我们一起吃的最后一顿饭,是老师请我们吃的,那顿饭吃得特别特别开心。刚到美国,科研不顺,又是老师一直给我鼓励加油,让我有了动力继续努力。出国这两年,我大多依靠邮件跟老师交流汇报,老师在回复的邮件中总会有这样一句话:记得锻炼身体,身体好了才能更好地做科研。每次给老师打电话,他都这样说:喂,你好,我是王克。听到老师开心的笑声,我真的特别特别开心。

今年 4 月底向老师汇报学习生活情况时,老师照例给了我很多鼓励,那时的我多么开心啊,盼望着再过 3 个多月就回国了,就能回到学校,就能见到老师了。在美国我都想好了,回国了先去学校,看完老师我再回家。

可是,这一切来得太突然了! 5 月 11 日得知老师在医院抢救的时候,我觉得天快塌下来了,我该怎么办啊? 我多么希望能够回到您的身边,和大家一起陪伴您,多么渴望能够再听到您的声音,可是我不能,无助的我找了个空地大哭一场。如今,我终于回来了,校园依旧,可我的老师啊,您在哪里? ……我知道的,您还在这里,在您为之付出毕生精力、深爱着的讲台上,在您呕心沥血培养的每一个学生心中……

山高水长有时尽,唯我师恩日月长!

主持人

他引领学生走进数学的知识殿堂,他帮助学生推开一扇扇通向成功的大门,他用自己的行动告诉大家如何做人做事。

数学系青年教师李文学是王老师在威海招收的第一名博士生,也是王老师非常器重的一名学生。在跟随王老师读书学习、做研究的十年中,李文学与王老师情同父子的师生情感人至深。

淡泊名利为人梯

报告人　李文学

我是理学院数学系教师李文学,是王老师在威海招收的第一个博士。2005年暑假,我慕名参加了老师组织的讨论班,没想到我的一个观点幸得老师认可,促成了我和老师的师徒缘分,从此跟随老师学习。多年来,老师从各个方面培养我、呵护我,教我读书、教我思考、教我做人,给我创造发展的条件,助我成长成才。

我的第一外语是俄语,英语基础基本为零。读博士时,要用英语撰写学术论文,这对我来说无疑是个挑战。当我把自己的第一篇英文论文交给老师后,老师非常正式地找我谈话,语重心长地跟我说:"你现在写的英语论文没人能读懂。"为了鼓励我学英语,老师讲了自己的一些事。

20世纪70年代末,老师上大学时已经年近30,他的第一外语也是俄语。到了90年代初期,许多学者开始用英语撰写学术论文在国外期刊上发表。这时的老师遇到了和我一样的难题,只好找人帮忙翻译论文,从不愿给别人添麻烦的老师下决心学习英语。凭着对学问追求的执著和坚毅,老师很快就可以熟练撰写英语论文,后来还达到了全英文授课的水平。

老师鼓励我:"不要让语言限制了自己的发展,语言只是一种工具,只要努力,肯定就能学好。"老师把他自己学习英语的材料给了我,还经常询问我的学习情况,逐字逐句地帮我修改英文论文。很快,我不仅可以脱离字典阅读英文文献,而且已经能够熟练地撰写专业学术论文。

老师带学生从不急功近利,甚至不鼓励我们着急写学术论文。2006年至2009年我读博士期间,只发表了2篇第二作者的SCI论文,刚刚达到毕业基本条件,而与我同年入学的博士生最多发表了9篇SCI。老师总是说:"书读好了不愁没有文章,年轻人要沉住气,以后的路还很长，打好基础最重要。”老师的话得到验证，2009 年毕业至今，我已发表 SCI 论文近 30 篇，主持 2 项国家自然科学基金、1 项省基金、2 项博士后基金和 1 项理工医结合基金，并成为美国《数学评论》的评论员。经过沉淀和积累，近五年，老师所带课题组发表 SCI 论文 91 篇，发表杂志包括《理论生态学》《非线性科学杂志》《自动化学报》等生物数学与动力系统领域的顶级期刊。

2012 年 7 月，我从校园网看到“教育部高等学校优秀科研成果奖”申报通知，问老师是否可以申报这个奖项，老师欣然同意并让我整理材料。几天后，校本部科技处的老师打来电话说，本部每年拿这个奖项的也不过两三个团队，很多实力雄厚的课题组都未能入选，让我再考虑考虑。我有些心灰意冷，可老师的态度非常坚决。老师说：“能不能得奖不重要，整理申报材料本身就是对我们工作的梳理总结，评审过程更能了解其他学者对我们工作的意见。”最终，我们课题组申报的成果获得了教育部高等学校优秀科研成果自然科学类二等奖。这次获奖让我变得特别自信，后来又连续申报并 3 次获得山东省优秀科研成果奖。

老师常说：当老师的有两件事最高兴，一是自己研究成果得到肯定，再一个就是培养出来好学生，看到学生在学术上超越自己。在威海十年，老师带领课题组发表的所有论文的第一作者都是研究生，超过 80% 论文的通讯作者也都是研究生。老师说：“你们还要在学术圈呆好长时间，论文对你们来说更重要。”

老师一心读书，把所有的精力都用在做学问上，在他身上有许多常人难以理解的传奇。2004 年老师作为引进人才来威海工作，学校给了 10 万元的科研启动基金，到老师去世时还有 9 万多没有用；2005 年硕士点引进基金 2 万元，到最后还剩 1.8 万元；研究生经费与项目组经费更是一分也没动，几乎所有的材料印刷费都是老师自己出的。老师办公室的电脑、办公桌、书柜等 10 年没有更换过。

老师一生节俭，不讲究享受。2 号专家公寓分房时，我们几个师兄弟动员他换新房，主要考虑有电梯更能方便他和师母的晚年生活。大家说只要老师想换房，一切事我们都包了。可老师却一口回绝，老师说:现在的房子一家人够住了,没有换的必要。可我们都知道,老师的家还是十年前的样子,只有一些简单家具,最值钱的也就是他书房里的一摞摞书籍。

老师一心向善,为人宽厚,就是对陌生人也是以诚相待。2010 年夏天,老师骑车去海边游泳时,不慎被一辆轿车刮倒,尽管当时还能勉强站起来推车回家,但却因伤到筋骨不得不在家里躺了一个月。我们想去追查此事,老师却说人家也不是故意的,没有必要再去追究。

这,就是我的老师。

2014 年 5 月 9 日下午 5 点,我突然接到师母的电话,说老师生病了。当我赶到医院时,医生告诉我们要做好后事准备,我简直不敢相信这是真的。当晚,我在老师的学生群里发布了老师病危的消息。消息发出后,30 多名学生闻讯从全国各地火速赶来。在医院的那两天,整个病房的走廊里都是老师的学生,大家轮流守在老师病床前。我们一直在默默祈祷,祈祷上天能给我们奇迹,让老师睁开眼睛,再对我们微笑,再给我们指导和教诲。

但老师最终还是走了,带着我们对他的不舍永远地离开了我们。追悼会那天,在最后送别老师的那一刻,我们师兄弟同老师的儿子一起,面对老师离去的方向长跪不起。

老师常说,为数学系培养一批有战斗力的年轻老师,带出一两个有实力的科研团队是他的责任。老师虽然走了,但他没有完成的工作,我们会尽量尝试着往下做。经老师家人同意,我们将老师电脑中与学术有关的资料拷贝出来,包括一些未完成的论文和初步编好的专著。此时此刻,我仿佛又听到老师常对我们说的那句话:教师的责任是传承,我把我会的教给你们,你们再教给你们的学生。

主持人

奉献几多情与爱,不求青史留英名,只为用真情传播智慧的火种;洒下几多血与汗,不求富贵点清辉,只想用汗水浇灌求知的梦想。

敬爱的王老师啊,您举起的是别人,奉献的是自己,您尽管没有留下任何遗嘱,但却在学生的心中树起一座高高的丰碑!

在2014年教师节表彰暨王克老师先进事迹报告会上的讲话

姜　波

2014年9月10日

各位老师,同学们:

今天,我们以一种特殊的形式共同度过第30个老师节,首先我代表校区党政向全校老师致以节日的祝福,并向今天受表彰的先进集体和个人表示热烈的祝贺!同时,向我们的师德模范——王克老师以及所有为校区事业发展付出辛勤劳动的老师们、同志们致以崇高的敬意和衷心的感谢!

刚才,报告团的七位同志用朴素的语言,感人的故事,给我们诠释了什么样的人才是高尚的人,什么样的老师才是优秀的老师,生动再现了一位人民教师的光辉形象。让我们真切地感受到,王克老师始终胸怀办好人民满意教育的强烈事业心和责任感,学习一辈子,奉献一辈子,奋斗一辈子的崇高思想境界和道德情操,我们在场的所有老师和同学都被深深地打动,由衷地产生钦佩之情。整个报告感人至深,让我们再次以热烈的掌声,向报告团成员的精彩报告表示衷心地感谢!

王克老师的去世是我校区的一大损失,作为我国数学界的知名学者,他在国内外学术界的影响力,对提升校区的办学层次和社会形象具有重要影响,我们为失去这样一位德高望重的好老师感到无比心痛。同时,王克老师也给我们留下了一笔宝贵的精神财富,他一生为人、为学、为师的道德素养,不仅在他的学生身上得到传承,并将激励我们全校教师忠诚履行教书育人、立德树人的光荣职责。

王克老师是模范遵守人民教师职业道德的先进典型，是积极践行社会主义核心价值观的优秀代表，在他身上生动体现了所有威海校区哈工大人的优秀品质。今天的报告会讲的是王克老师一个人的先进事迹，其实是反映了一群人的精神风貌。为了大力弘扬以王克老师为代表的奉献精神，校区党委作出了广泛开展向王克老师学习活动的决定，号召全校师生都要向王克老师学习。

我们要学习他勤奋坚毅，求真求实的可贵品格。王克老师虽然人生经历坎坷，但却始终在追求真理和永攀科技高峰的道路上自强不息。他铭记一名高校老师的责任，胸怀祖国和人民，不断开辟具有广泛应用背景的数学科学研究方向，直到退休后仍在为泛函微分方程和随机生物数学在我国的传播与发展忘我工作。我们学习王克老师，就是要像他那样信念坚定，理想长存，生命不息，奋斗不止，永不动摇求真求实、勇于创新的学术追求。

我们要学习他规格严格、精益求精的治学态度。王克老师始终坚持把"担当起教育的责任，对得起学生的信任"作为人生信条，正是这种坚定执著的治学态度，成就了他"桃李满天下，春晖遍四方"的人生辉煌。我们学习王克老师，就要像他那样几十年如一日用心上好每一堂课，不让一名学生带着疑惑离开课堂，不让一名学生浪费自己的美好青春年华，切实担负起为国家培养拔尖创新人才的重任。

我们要学习他纯朴向善、宽厚待生的师者品德。王克老师不仅在严谨治学上堪称典范，更在立德树人方面谓之楷模。他始终以高尚的人格感染学生，以博大的爱心呵护学生，在他身上体现出了真挚纯粹的师者之德。我们学习王克老师，就是要像他那样淡泊名利，甘为人梯，始终把学生的利益放在第一位。像他那样宽厚待人，爱生如子，坚持对学生的一生负责。

我们要学习他无怨无争，乐于担当的奉献精神。王克老师无论在东北师范大学任教，还是调入我校从事教学科研工作，始终都兢兢业业，任劳任怨，埋头教学，忘我工作。他学高不张扬，居功不自傲，始终低调做人，高调做事，从不计较个人得失，对工作无比热情。我们学习王克老师，就是要像他那样，严于律己，克己奉公，在利益面前不伸手，奉献付出上走前头，正确处理个人与集体的关系，努力实践人民教师高尚的人生价值和精神追求。

当前，校区第五次党代会提出的“六大战略”已经进入全面推进的攻坚阶段，哈工大党委要求我们与校本部“同发展、共进步，跟上哈工大建设世界一流大学步伐”。履行这一光荣而艰巨的使命，需要崇高的精神支柱和坚强的思想保证。学习宣传好王克老师的先进事迹，充分发挥先进典型的示范引领作用，这对凝聚力量，攻坚克难，推动发展具有十分重要的意义。

我们要以此次报告会为契机，在全校深入开展向王克老师学习活动。各级党组织要把学习活动作为当前开展思想政治工作的首要任务，采取多种形式抓实抓好抓出成效，切实使王克老师的崇高精神和先进事迹深入人心。要紧密联系实际，将学习活动与“弘扬工大精神，追逐中国梦想——培育和践行社会主义核心价值观”教育实践活动结合起来，与师德师风建设和工作作风建设结合起来，与扎实做好当前的各项工作结合起来，动员和激励全校师生坚定理想信念，勤奋务实敬业，为建设与哈工大发展相适应的大学校区作出积极的努力。

王克老师先进事迹报告会在校区引起强烈反响

新闻中心

9月10日下午,校区举办了教师节表彰暨王克老师先进事迹报告会。王克老师生前在学术上求真理、在教学上传真知、在做人上讲真诚的事迹深深打动了现场师生,并在校园内引起强烈反响。连日来,广大师生都在传颂王老师的感人事迹,学习他为人、为师、为学的高尚品格。

计算机科学与技术学院院长初佃辉在威海校区工作多年,王克老师的事迹深深感动了他:“第30个教师节这天,我有幸聆听了王克老师事迹报告会,王克老师为人为师的点点滴滴告诉了我一个朴素而又永恒的道理:欲做事先做人。在我看来,王老师是一个睿智的人,是一个高尚的人,是一个纯粹的人,是一个需要我们用一生来学习的大师、楷模。他的纯朴、他的无私、他的学识,他的敬业,令我们赞叹,令我们敬仰,也令我们从躁动的情绪和欲望中平静下来,激励我们不断完善自己、发展自己和成就自己。”

曾经得到王克老师关心和帮助的理学院数学系副主任、青年教师吴开宁在听完报告后表示:“王克老师对教师职责的认同深深地感动着我。曾经听到有人说:‘教师就是一个打工者,学校出工资,你满足学校的要求,做好自己的工作就好了。’一直以来,我对‘做好自己的工作’的理解,就是规规矩矩地备课、上课、答疑,一切都按照标准来。听完报告后,我才知道,做好自己的工作与‘做好一个教师’的不同。教师是一个特殊的、神圣的职业,除了满足标准,还要心中有爱。王老师对教学的高度责任心和对学生满心的爱,是一个有良心的教师检验自己是否合格的准则。”

船舶与海洋工程学院青年教师游斌弟在采访中谈到:“王克老师的先进事迹报告会为现场师生上了一堂生动感人的师德教育课,大家在深受感动的同时也看到了自身的差距和不足。王克老师把自己的一生无私奉献给了教育事业,他的身上恰恰深刻体现了习近平总书记第三十个教师节期间在北京师范大学座谈时的讲话精神,就是要在教育教学实践中,以高尚的师德情操,诠释‘身正为师,学高为范’的师德风范。王克老师不求回报、不讲条件、无私奉献的优秀品质和忘我工作的精神,使我们对‘师德’有了更多的理解和体会。此次报告会也令我深受鼓舞,在今后的教学科研生活中,我要以王克老师为楷模,教书育人、为人师表、爱生如子、勇于奉献。”

汽车工程学院青年教师崔文政之前对王克老师并不熟悉,当天的报告会让他深入了解了王克老师的感人事迹,他说:“先生用自己的无私付出诠释了如何做一位好老师。感动和敬仰的同时,我们要学习先生对理想和科学的不懈追求,学习先生对学生和教育的认真执著,学习先生对工作和集体的奉献与热情。先生虽然已经离开了我们,但他的优秀品德和高尚情操永远是我们学习的典范,是我们追求进步的无限动力。”

语言文学学院刘玮老师对王克老师简单、纯粹、真实的人生充满深深地敬意:“王克老师,一个淳朴到你只当他是邻家长辈的人。然而,就是这样一位看似平凡的老者,在泛函微分方程、生物数学等领域取得了辉煌业绩,在海内外享有崇高声誉;就是这样一位平易简朴的人,用他点点滴滴的言行,让‘简单’变得丰富而深刻:个人生活可以过得简单,对他人的要求和索取可以很少,但做人的标准丝毫不能降低,做老师的责任丝毫不能松懈,做学问的热情丝毫不能减弱。”

思想政治理论教学部青年教师李曰强结合践行社会主义核心价值观,谈了自己的感受:“王克老师爱岗敬业、诚实友善,在教师岗位上作出了突出贡献,深受广大师生爱戴,在个人层面上很好地体现了社会主义核心价值。王克老师人格崇高,甘于默默奉献,淡泊名利,令人肃然起敬。作为哈工大(威海)的一名青年教师,我被王克老师的崇高精神深深打动。在今后的工作学习中,我将时刻以王克老师的标准来要求自己,做一个好人,做一个好老师,在哈工大(威海)奉献无悔的人生。”

王克老师的先进事迹也深深感染了广大学子,同学们被王老师爱生如子的师者情怀所感动,纷纷表达了对王老师的敬仰和缅怀之情。

13级理学院数学系学生张亚群说:没能成为王克老师的学生是我们的遗憾……这是我听完报告会后最真切的感受,听到各位老师,学姐、学长回忆自己与王克老师之间的点点滴滴,感动之情无以言表,泪水夺眶而出,哭了一次又一次。真的特别佩服王老师,经历“文化大革命”,30岁才考上东北师范大学,学习那么刻苦,那么用功,想想现在的自己和身边的很多人,真的觉得很惭愧。虽然没能成为王老师的学生,但我很骄傲自己是数学系的一名学生,数学系的老师们工作兢兢业业,勤勤恳恳,对学生给予了家人一样的关爱,让我们倍感温暖。作为学生,我们能做的,就是努力向王克老师学习,学习他认真执著的精神,对待生活的态度,珍惜自己的大学时光,好好学习,用更多更好的成绩回报学校和老师们。

12级经济管理学院工商管理专业的冯晓旭在采访中说出了更多同学的心声:“因为参加王克老师先进事迹报告会,今年的教师节成为我刻骨铭心的日子。在聆听了王老师的先进事迹后,我发自内心地敬佩这位一直潜心钻研、治学严谨、对人诚恳又为人坚忍的老师,他对待学生犹如自己的亲人,对待朋友无私奉献,他的师德与人格都是如此高尚。我不禁为自己没能成为王老师的学生而感到万分遗憾,王老师为我们留下了宝贵的精神财富,他为我们树立了学习的榜样,他的品格和精神将激励我们努力学习,勇往直前。”

那一刻 我与数学如此近距离

杨东霞

了解我的人都知道，我与数学有着过于遥远的距离。我这个从年轻时候就痴迷于文学的人，不仅对数字极不敏感，而且只要面对数学，自信心就会消失殆尽。直到现在，偶尔还会在梦中因为考数学而紧张。

然而，就在那一天那一刻，我与数学竟然感觉离得很近很近，近到了骨子里。

这一切，源于9月10日教师节的那一场先进事迹报告会，源于一个名叫王克的老人——我校理学院数学系二级教授、博士生导师，那个在5月11日因脑溢血突然离世的，让所有正等着他给上讨论课的研究生望眼欲穿，让海内外听到噩耗肝肠寸断的弟子们牵心，让报告会台上台下的师生们为他哽咽流泪的老教授。

王克老师普普通通的一张照片，让我感觉与他的距离如此近，因为我好像看到了家乡的老邻居，街头的老大爷：老旧的自行车，白色的背心，平和的神态，这样的画面我在校园里看到过多次，这个谦和的老人总是用这样的形象，让我们感受淡泊低调真正的大家风范。虽然身为“数盲”的我记不住泛函微分方程和随机生物数学这些专业名词，但因为过去曾做过宣传工作，早早就知道他是一位在我国数学领域成就斐然的著名学者，是学生心里无限钦佩的“数学牛人”，是学长嘴里向学弟学妹们传说的令人尊敬的“克爷”。他的身上有着许多荣誉称号和头衔：优秀省管专家、省英才奖章获得者、享受国务院政府津贴专家、省教育系统师德先进个人和宝钢优秀教师一等奖获得者，中国工业与应用数学学会理事、中国生物数学学会常务理事……可有谁能看到他身上一丁点的牛气和傲气呢！

王克老师实实在在的一句话，让我感觉与他的距离如此近，因为他说出了我们许多做教师的心里话："学生们把生命中最美好的青春年华交给了我们，我们只有努力教授给他们真才实学，才能对得起他们的信任。误人子弟是不可饶恕的罪过。"在任何一所高校，教学都是个良心活，多付出的每一滴心血，可能并不会给你带来任何现实的回报，它不是评职称的砝码，工作量也不会多加一个，可大多数做老师的依旧会在深夜里认真备课，在课堂上竭尽全力讲课，在业余时间里用心辅导。因为多付出一点心血，就离学问的真相近一步，就会给学生多一些真才实学的收获。站在讲台上，看到学生们信任的目光，看到他们从疑惑到释然的眼神，做老师的就找到了自己存在的价值感。一个真正的教师，如果把教学当作要应付的差事，马马虎虎，敷衍了事，那他的心里一定是会有负罪感的，因为我们的工作对象是人，是把自己未来的理想和希望放心地交给老师的孩子，我们怎么能辜负别人的信任！

王克老师堂堂正正的为人准则，让我感觉与他的距离如此近，因为他所做的正是我们许多老师信奉的人生信条：他纯朴向善、真实纯粹，一个心眼为学生，绝无学究的偏激和自负；他淡泊名利、无怨无争，一门心思做学问，绝无学阀的霸道和虚荣；他不计得失、乐于奉献，一身正气有担当，绝无"学精"的自私和投机。他用自己的行动阐释了"学高为师，身正为范"的职业品德，让我们看到一个实实在在的模范人物就在身边，就在我们中间。

王克老师与学生们亲如父子的情感，让我感觉与他的距离如此近，因为只有得到过仁爱之师关怀的学生和真正获得过学生们真心爱戴的老师，才能体会到那种超越血缘却又十分相似的师徒之情。爱是教育的灵魂，只有爱自己的专业，爱自己的讲台，爱自己的学生，才会成为一个真正的好老师。王克老师不仅以严谨的治学态度和优异的科研成果被人佩服，而且以他严于律己、宽以待人的高尚品德为人敬重，更以无私的付出和大仁大义受人爱戴！他有教无类、不计名利，手把手指导学生做科研，课题组论文的第一作者署名都是学生，几十万的科研经费除一台必需的电脑，全部用于学生的科研活动；他的衣食住行一生简朴,对学生却出手大方,多次为弟子的生活急需慷慨解囊;他像慈父一样关心着学生的入学、毕业、深造、事业、家庭……正是因为他为学生倾尽心血,所以才会被学生推选为“我爱我师——我心目中的好老师”。

听到他的不少弟子在他病重时从各地赶来,在病床前陪伴他、呼唤他,为他擦身、按摩,甚至在告别时悲怆地与他的儿子一起跪倒在他的遗体前时,我再次流泪了——那是一幕多么让人心碎的场景,那也是多么有力的证明——王克老师在学生眼里就是大爱如山的父亲!那一跪,是不舍,是感恩,是敬重,也是承诺:“帮助老师完成未竟的事业。这是对老师最好的回报和追念!”

然而,在我流泪的同时,我的反思和自省也在进行。

因为王克老师,我感觉与数学近了,可我与王老师的距离还是很远,他很重视教学,可他的科研却也那么强:首创建立 Ch 相空间理论,为无限时滞泛函微分方程的研究奠定基础;开辟随机生物数学研究方向,完成国内第一部随机生物数学专著;先后发表论文 280 余篇,撰写教材、专著 5 部,主持国家自然科学基金项目 5 项……看到他的科研成果和一周 16 学时的教学工作量,我还有什么借口说是因为忙于教学耽误了科研工作?看到他艰苦求学的坎坷经历,在攀登科研高峰的道路上自强不息的劲头,我还有什么理由说是工科的学术环境限制了我的文学研究?相比他的刻苦,他的坚持,他的拼搏,他的永不放弃,我是差了太多太多!记得那天报告会结束的时候,几位同事在走出礼堂的途中感慨地说:“王老师做得好多事,可能也是我们做过的,可我们有谁能像他一样几十年如一日,坚持不懈地做下去?”

王克老师,我与您的距离真的很远,此刻,您在遥远的天堂,我只能用心去接近您。可我感觉离您也很近,因为我的身边有您的学生,从他们的身上我看到了您的影子!您培养的 18 名博士研究生和 62 名硕士研究生,许多已成长为国家重点高校的学科带头人和数学研究领域的青年拔尖人才,他们已经成为更多学生的老师和榜样。

“善教者使人继其志”,十六年前一位毕业生在我的教师纪念册上留下这句取自《学记》的古语,不论原文中的本意如何,即将也成为教师的他留给我这句话自然是对我最大的褒奖。此时，我把它送给王克老师，他最配这句话，他是真正的善教者，他的身后有许许多多人正在继承着他的志向和精神："第一要做好人，第二做好老师，第三是做好学问，这三点的顺序不能变！"

请相信：一个名叫王克的老师带着我们无尽的怀念走了，却有更多虽然不叫王克但也会像他一样为人为学的教师成长起来，留下来陪伴孩子们的成长。孩子们长大了，其中有人又会成为这样的老师，继续陪伴下一批孩子继续成长。

代代相传，永无止境。

（作者单位：语言文学学院）

王克老师是我们永远的骄傲

胡永河

认识王克老师是在2008年，那时我在学校宣传部工作，参加学生会组织的第一届“我爱我师——我心目中的好老师”颁奖典礼，王克老师就是同学们评选出的好老师之一。还记得那位头发稀疏、衣着简朴，但精神矍铄的长者躬身接过学生颁给他的奖杯、证书和鲜花时说的那句话，他说“这是我获得的最高荣誉，我要好好珍惜”。这是我对王克老师的第一印象。之后，在校报和新闻网的宣传报道里，对王克老师有了一些初步的了解，也只是知道王克老师是学术“大家”、是“牛人”而已。

2011年，我到理学院工作后，开始与王克老师有了一些真正的接触，无论是平时工作中，还是每年教师节的走访看望，王克老师都从没有向我们提过任何要求，每次我们问起有什么困难需要我们帮忙解决，他都笑呵呵地表示“没有”。

在与王克老师共事的三年时间里，虽然有过多次接触，但了解也不太深入，对王克老师的印象还停留在简单纯朴、平易近人、默默无闻、任劳任怨，一个心眼对学生，一门心思做学问上。

直到王老师生病住院，我对他的认识才真的有了质的飞越。5月9日那天，我突然接到一位老师的电话，说王克老师突发疾病，住进了市立医院。我及时赶往医院看望，那时他已经处于深度昏迷中。之后，我所亲历的一场场、一幕幕一直感染着我、触动着我，王老师在我心目中形象日渐丰满和高大，他不只是“大家”“牛人”，更是高山、大海。

作为王克老师后事处理的主要组织者、参与者，在为王克老师的突然离世感到伤感和悲痛的同时，我也见证了学生对他的真爱，同事对他的深情，组织给他的赞誉，深刻体会到王克老师平凡而伟大的人格魅力。

王老师突然发病时，陪同家人第一时间把他送到医院的是他的学生；在得知王克老师病重住院的消息后，他培养的博士生、硕士生30多人火速从全国各地冒雨赶来；在医院的两天时间里，病床前、走廊里全是他的学生，大家默默地为老师祈祷，盼望着奇迹的出现；病危的噩耗发出后，他的学生都悲痛万分，泪如泉涌，难以自已；他不幸去世以后，是学生为他擦身、为他穿衣、为他送灵……

王老师去世的讣告发出后，他教过和没教过的学生，认识和不认识的师生，都纷纷通过微博、微信、qq群等多种方式追悼王老师。20多所大学以及科研院所、学术机构都发来唁电，对王克老师的去世表示哀悼；10余所大学的相关院系派人专程前来吊唁；在王克老师遗体告别仪式上，校区主要领导，各部处、各院系领导和教师代表，数学系全体师生以及从数学系转到其他专业的学生300多人都自发前往殡仪馆，为王克老师送行。

尽管王克老师离开我们已经近半年了，但每每谈起王克老师做人做事做学问的“平凡”事迹，依然令我肃然起敬；每每回想起我所亲历的一幕幕场景，仍然令我感动至深；每每听到王克老师获得的赞誉，都会令我感到自豪。我常常想，王老师为什么能赢得那么多师生的尊敬和爱戴，为什么他培养的学生对他有胜似父子的深厚感情，为什么在学术界能有如此高的声望和赞誉……一次次的感动、荡涤、撞击和深思之后，我深切感悟到这一切源自他的人格力量、师者风范、学术造诣。他是“真人”，纯粹真实，无欲无求，对生活充满无限热爱；他是“人师”，既“授业”“解惑”，又“传经”“布道”，用心把知识和力量传给后人；他是“大家”，以苦为乐，以孤独为伴，在数学的王国里获得满足、享受快乐。

王克老师的离去是我们学院、学校乃至我国数学界的一大损失，但他为我们留下了宝贵的精神财富和无穷的精神力量，必将激励一代一代威海校区的哈工大人奋发图强，再创辉煌。

习近平总书记2014年9月在北师大看望教师学生时的讲话中

说:"一个人遇到好老师是人生的幸运,一个学校拥有好老师是学校的光荣,一个民族源源不断涌现出一批又一批好老师则是民族的希望。"我们为有王克这样的好老师、好同事感到无比自豪,王克老师是我们永远的骄傲,无论在不在江湖,他的故事都在流传,无论离去多么久远,他的影子都在身边。

(作者单位:理学·土木党委)

师 魂

齐桂芹

就是有这样的人，在路人的眼中他平凡如村夫，你每天见到他，又好像根本没见到。而当让你无数次流泪的感人事迹传来时，竟然需要到网络上搜索，把名字和形象联系到一起。在人人网上我找到了一张永远铭刻在哈工大人心里相册上的照片：街边背景下，一位骑着破旧自行车的"平凡人"——王克老师。

很惭愧，想象中，作出这样感人事迹者应该是穿着讲究，手里提着一个质量上乘的真皮文件包的长者，然而您不是；应该是不苟言笑，只是偶尔对学生点点头的老先生，而您对每位学生都慈祥如父、关怀备至。很遗憾，我和您谋面多次，却没有一句话的交流，终生都无缘一位真正师者的指点。很庆幸，从您的学生和同事的回忆里，我得到了您的间接教诲，寻到了如何无愧于"师"字的灵魂教导。从您离开至今，我时常想，为什么您的事迹一直让我们反思为师之道，鼓励我们追求从师的"真、善、美"。是您的形象？是您留给我们的经典语句？或仅仅是您留在街边的那幅永不磨灭的照片？显然都不是，或者说不全是。在深秋的季节，走在遍地落叶金黄的校园里，树上的叶子少了，可是它的挺拔无人撼动，枝干仍然与蓝天辉映。我仿佛明白了什么，您走了，可是即使在校园盖满白雪的冬季我们也会感受到您留下的绿色和生命力——师魂。

有人这样描述：师魂是一种集高尚的情操、高洁的道德修养于一体的品行，是一种献身教育、孜孜以求的境界，是一种呕心沥血、身体力行的磨砺，是受人敬仰、推崇、向往、追求的职业典范，是引领教师不断进取的旗帜和感召力。早年就读过这段文字，可总感到措辞已到了极致，带有"理想化"的痕迹，文学味很重。在王老师离开的几个月里，这段文字总是在头脑中闪现,文字的表面形式不再重要,重要的是从文字中提炼的精髓,仿佛是对我们身边人的真实写照,浸透了一位教师的信念和追求,蕴含着“传道授业解惑”的精神和内在。

记得刚刚上大学时,作为未来的教师聆听了老校长的教诲,其中有这样一句:教师是太阳底下最光辉的职业。当时,心里总是这样想:在太阳底下仍显现光芒,那是怎样的伟大和神圣。自己近30年的职业生涯,起伏跌宕,弯曲回转,这句话的真谛有时渐行渐远,又似乎一点点变得清晰。在年复一年的讲台上下、日复一日的辅导答疑、一次一次的师生交流中,教师的理想由远及近。可是在聆听和感受了王老师“平凡”的事迹后,才感到自己还差得太远。王老师在专业领域成就突出,把数学科研做到了人们生活的现实中,让普通人看到了数学的研究成果,站在了学界的前沿。这不仅仅是知识扎实,而是深厚的知识积淀下的突破。作为数学界突出贡献者,王老师依然孜孜以求,因为他不仅自己心中有理想,更想使身边的人有目标、看长远、走好脚下的路。他的理想不是停留在空中,而是已经播撒进脚下的土地,化作了星星之火。

怎样的教师算是具有师德情操和爱心?记得有这样的阐述,师德和爱心首先要建立在“人人平等”的条件上,做应该做的事。倘若这一说法成立,王老师未必会满足这个条件,因为他许多应该做的事却没有做。有了突出的研究成果,耳朵听力又有障碍,他理应多休息,珍惜生活,可他却没有做应该做的,而是直至生命终结前依然在上课在与学生研讨,一次不缺;科研花销应该从科研经费中支出,可是他却没有做应该做的,几乎留下了所有的科研经费;作为导师,应该在学术领域引领学生成长,可他却不仅如此,还关心学生的生活,关心学生怎样能有道德地走在学术的道路上,却拒绝学生一点点的物质回报。今天说起来这一切都那么崇高,可实践了这一切美德的人却未必意识到,而认为这些都是应该和自然,这是否是师魂?

做有理想信念、有道德情操、有扎实知识、有仁爱之心的教师,这应该是教师的准入条件,而不是最高标准。我们身边有多少默默的,却在身体力行的教师,他们做得那么自然,自然成应该和义务。做到优秀要从发现身边的优秀人物开始，而发现优秀本身就需要具有优秀的品质，所以合格教师的起点是心灵深处的一片净土和神圣，与物欲横流的丑恶格格不入。王老师给我们留下了取之不尽的财富，那就是如何做一名无愧于心的教师，一名能为学生照亮前进道路的教师，一名让学生在为学、做人、行事上都引以为豪的教师。

一首诗这样写道："有一首歌最为动人，那就是师德，有一种人生最为美丽，那就是教师，有一道风景最为隽永，那就是师魂"。可如今师魂的意义清晰了，师魂的楷模找到了，我不禁感叹：师魂有，师却不在。王老师，你是否能收下一个无法师从您学数学，却学习做人、为师之道的学生呢？借用一首祭文怀念王克老师，祭奠师魂：

玉壶存冰心
朱笔写师魂
谆谆如父语
殷殷似友亲
轻盈数行字
浓抹一生人
寄望后来者
成功报师尊

（作者单位：语言文学学院）

高山仰止 景行行止

刘 玮

记不清是何时初识王克老师了。只记得经常在楼下的小路上看到王老师的身影，有时是骑着自行车，有时是步行；有时身着运动衣，有时身着泳装，有时则穿着很家常的衣服，手上提着一个很旧的类似环保购物袋的布袋。有时迎面遇到王老师，打个招呼，他总是报以微笑，很少交谈。后来听邻居讲，他因听力不好，担心听不清对方说话，所以常以微笑代替打招呼。这些都让我倍觉亲切——多么富有活力而又平易的邻家长者！

后来知道王老师是教数学的，有时会在楼道里碰到学生模样的人去他家里。又听说他除了去上课或者去办公室就是在家备课、做研究。

然而，今年的5月11日，却传来令人震惊的消息：王老师因病医治无效，永远地离开了我们！就在两三天前我还在楼下的小路上碰到过他，这怎么可能?!

震惊过后，是无比的沉痛和深深的惋惜——这样一位卓有成就的数学界泰斗，这样一位可亲可敬的老师，这样一位俭朴平易的长者，这样一位热爱运动的人，怎么能就这样离我们而去了呢?!

他是那样热爱生命，热爱数学事业，热爱每一位学生；他是那样为他钟爱的泛函微分方程和生物数学、为他钟爱的学生、为他钟爱的讲台，贡献着他毕生的精力和智慧；他是那样对他人、对学校、对社会，一无所求，而对自己、对学术严格要求、一丝不苟。我们还需要他，需要他过人的智慧，需要他崇高的品德，需要他严谨求实的治学精神，需要他兢兢业业的工作态度，需要他亲切的微笑，需要他如春风般的鼓励，需要他引领我们在教学、在人生的路上前行……然而，风云不测，上苍无情！

这岂止是一个家庭、一个学校的损失！这是他千百学生的损失，是学校众多青年教师的损失，也是国内外数学界的损失！

王老师离开我们五个月了，这一百多个日夜，他的身影、他的笑容不时地浮现于眼前。特别是他那简朴得几乎可称得上简陋的家居，更是多次触动着我：客厅只有一排普通的木质坐椅，一张配套茶几，靠门口一张小柜子；餐厅只有一张旧餐桌和几把普通的椅子；墙面都是普通的白漆；除了客厅窗台上几盆栽种在普通花盆甚至泡沫包装箱中的植物外，几乎看不到任何装饰。记得 9 月 10 日王老师事迹报告会上一位老师追忆，王老师本来有充分条件可以申请学校新建的高层住宅楼，而且他的学生们也表示装修的事不用他操心，但他还是坚决拒绝了。

那正是得知王老师辞世噩耗的日子，我去探望阿姨（这是我平常对王师母的称呼），当目睹着眼前简陋的陈设，想着王老师把改善居住条件的机会让给他人，面对虽然悲伤已极但仍坚强招呼客人的阿姨，已经抑制住的哽咽，再次涌上咽喉……

以前也听说过一些大师生活俭朴，可如此简朴的，却第一次看到，也第一次遇到。我再次为能与这样一位为人质朴、品格高尚的师长比邻而居而骄傲，也更为失去这样一位长辈而深感悲痛。

于是，我开始在网上搜寻关于王老师的信息——所看到的除了对他成就的介绍，就是关于他生活简朴和对教学、对学生热爱的追忆。一次次的，眼泪模糊了双眼；一次次的，感动震颤着心灵。而 9 月 10 日，聆听王老师的来自不同部门、有着不同身份的学生的深情追忆，我更是从多角度、切近地感受到了王老师平凡中见伟大的人格。

平凡，是大多数人的生存状态；但是不是因为平凡就可以放弃对自身人格的塑造、对理想的不懈追求和对事业的无私奉献？这是我聆听王老师事迹报告会后想得最多的一个问题。作为教师，我们应该像王老师那样，修身正德，钻研业务，诲人不倦，不负众多学子的期待？还是自甘“平凡”，仅仅把教学当作一种糊口的手段？我相信所有景仰王老师为人为师的人，心中都会有一个明确的选择。

高山仰止，景行行止。

王老师，您走了，但您创造的学术辉煌，您留下的精神财富，会一直伴着我们，滋养我们的灵魂，引领我们正道前行！

（作者单位：语言文学学院）

真正的无价之宝

杨 薇

“你无法延长生命的长度，却可以把握它的宽度；无法预知生命的外延，却可以丰富它的内涵；无法把握生命的量，却可以提升它的质。”法国文学家托马斯·布朗爵士这段富有哲理的名言能够恰如其分地总结王克老师书写的人生传奇。先生用自己的热忱赋予了生命无限的内涵，先生用自己的豁达提升了生命的质。王克老师虽然走了，他却用一生为我们演绎了为人、为师、为学的最高境界，先生用自己的勤奋将生命的宽度拓展到了极致，为我们这些晚辈后生们留下了无限的财富。

先生原本是我求学时代心中的一个传奇人物，未曾想自己竟然在工作后有幸与先生成为同事。至今，我仍不愿意接受先生已经离开的事实。

在担任报告团指导人期间，我随报告团一起回顾着先生的人生故事，点点滴滴，催人泪下。整理资料、写稿、改稿、排练、预演、登台的整个过程，我们的内心都沉浸在无比的悲痛中，每一次拿起稿子，都会泪流满面，对于我们报告团的成员来说，这个过程是异常痛苦的，从我们个人情感上来讲，甚至是残忍的，但为了让更多人了解先生，认识先生，把先生的精神传递给更多人，不管多么痛苦，每一个成员都在咬牙坚持坚持。在这样一个过程中，我的心不断接受着先生人格魅力的洗礼。

先生在我的眼中不仅是个传奇，更是生活中亲切的长辈。

先生的勤奋好学、乐观豁达、热爱生活人所共知。但最让我触动的是，先生作为知名学者，二级教授，却心甘情愿踏实耕耘讲台，三十年如一日，呕心沥血做一个好老师。2011 年我调至数学系工作，短短两年多时间，让我从学生的角度更立体地了解先生，我一直深深地赞叹,先生带给学生的影响是如此的深远。我所接触的每个学生几乎都谈到了先生对待师者身份的认真态度。先生备课非常认真,即便是给本科生讲课都未曾掉以轻心,更加难能可贵的是,先生授课总是以学生对知识的理解和消化为第一位,站在学生的角度上考虑,精心设计课堂的每个环节,这在当今教坛是非常难能可贵的。先生在面临科研和教学双重压力的时候,宁愿选择辛苦自己,夜以继日精心备课,也不愿在课堂上愧对学生一分一毫。

习总书记在北师大同师生座谈时强调:“教师重要,就在于教师的工作是塑造灵魂、塑造生命、塑造人的工作。一个人遇到好老师是人生的幸运,一个学校拥有好老师是学校的光荣,一个民族源源不断涌现出一批又一批好老师则是民族的希望。”报告团的工作经历让我深深理解了这句话的意义,拥有王克老师是学生之幸,学校之幸。

我们所有和先生接触过的人,都感觉他身上有一种力量,感染着每个晚辈后生,激励每个人的成长。

“师者,所以传道授业解惑也。”先生六十六载风雨人生,承载的沉重他从来不说,却一直保持着乐观向上的态度求知为学;先生三十余年耕耘教坛,桃李满天下,为学生默默地付出心血,却从不计较个人得失,他是每个学生心目中真正的英雄。先生是用他的耐心、爱心和学识真诚地对待学生,他真真正正践行了传道、授业、解惑的为师之道。先生带给晚辈和学生的影响是无法用语言去描述,用任何辞藻去形容、去度量的,是真正的无价之宝。

（作者单位:理学院数学系）

种　子

费　非

“一辈子坚守着理想信念的崇高，一辈子坚守着人民教师的品行，一辈子坚守着做人做事的纯洁……”我初识王克老师，是从阅读网上的文章开始的，我的遗憾是在王克老师生前只闻其名无缘见面，但我又是何等幸运，能够有机会为筹备王克老师的报告会做一点点事情，在了解他为人、做事、为学的同时，能够从报告会筹备团队中的每个人身上汲取到成长的能量。请允许我在下文中称呼王克老师为先生。

在报告团里，有这样一位报告人，他是先生的学生，也是先生的朋友，先生教给他为学的本领，也帮助他一起开拓了数学系的新篇章。在他的心中总觉得对先生亏欠太多，让先生太过劳累，二十余年的深情让他每次提起先生的离去都难以抑制悲伤，甚至在练习和彩排的过程中，他也常常泣不成声……但是，只有他最了解先生对哈工大（威海）数学系发展的贡献，宣传先生的精神他责无旁贷，所以虽然艰难，但他选择坚持，亦如先生之乐于担当。

在报告团里，有这样一位报告人，他年纪最小，与先生接触的时间最短，却在先生的指引下从最初对数学恐惧到深爱上数学之美，成为数学系本科生中的佼佼者，他敬仰先生甚至可以说崇拜先生，但却不知如何在报告会这样的场合下进行表达。他求助于同学，尽可能多地收集资料，然后写稿子，因为没有过类似的经验，所以前几次写的稿子根本不符合报告会的要求，不是修改而是需要重写，就这样一遍又一遍。他是90后的孩子，却没有过一丝的抱怨，主动按照要求去修改，不断地完善，亦如先生之勤奋坚毅。

在报告团里，有这样一位报告人，她曾经以为自己是报告会的备选人员，却抱定了即使做“备选”也会尽百分之百努力的信念。在报告会筹备过程中，经过对前期稿件的修改，指导团队认为应该增加一位报告人使内容更加丰满，于是便有了她的加入。由于加入团队的时间较晚，她总是担心自己做得不好，影响整体效果，尤其是在报告会后期，在临近开学各方面工作都比较多的情况下，她经常联系指导人反复练习，对停顿、语调等进行调整，亦如先生之精益求精。

在我们的团队里，时常会出现争论，每一篇稿件都是报告人精心撰写，但为了报告会的整体布局，经常需要调整、删减。因为报告人希望把先生的事情多说一些，都告诉大家。比如先生会弹钢琴，而且弹得很好；比如先生爱好运动，除了游泳，打乒乓球的水平也很高……而指导人则要从整体效果上加以把握，“面红耳赤”不可避免，“斤斤计较”在所难免，有时感觉不太像准备报告会，倒有点像先生的讨论班。

在报告团里，有这样一位报告人，先生于她更像是父亲，做先生的学生9年，她是幸运的，未能见先生最后一面，是她永远的遗憾。报告会前几天她刚刚结束了在美国的学习回国，为了保证报告会质量，她提前将报告的录音发回学校请指导团队进行指导；为了争取更多的彩排时间，她放弃与离别多日的父母共度中秋，尽可能早些回到学校。还有一位报告人，毫不夸张地说属于“空中飞人”，需要专门为参加先生的报告会调整自己的日程安排，赶回来参加，再匆匆离去。假期或晚上，在我们团队讨论的过程中，常常会有一些小听众，孩子们都很乖，他们知道大人们在做有意义的事情。当然，最辛苦的还要数指导团队中的统稿人，为了这场报告会的成功举办，他们几乎忙活了整整一个暑假，亦如先生之敬业奉献。

从前期稿件修改、报告人语音语调的调整、主持人现场氛围的把握，到服装、站位、现场的灯光音响、介绍 PPT 等每一个细节的确认，在筹备这场报告会的过程中，我真切地感受到团队中每一个人身上所表现出深深的责任感，为了同一个目标，携手同心，克服困难，我相信这也正是先生留给我们的精神财富。

也许我永远无法像先生一样挥洒于三尺讲台，不可能达到先生的学术境界，但人生本来就是一个学习的过程，不论事情大小，不论年龄长幼，不论教学科研或行政工作，追求真理与勇攀高峰都是学习的真谛。先生带走的是后人的深深怀念，先生留下的是无数颗种子，会生根、发芽、成长……

清晨,迎着朝阳走在上班的路上,看着身边奔向各个岗位的人群,我总感觉先生还在,他就在三尺讲台上,在科研团队中,就在我们的身旁……

(作者单位:后勤保卫处)

用爱与责任守护学生成长

朱美丽

初次认识王克老师，还是2010年我在校团委指导新世纪讲坛工作时。那一年，为开阔本科生的视野，扩大讲坛资源，校团委发起了"百名教授上讲堂"系列活动。一直都知道王克老师是学术牛人、知名教授，对于请王克老师来讲坛做讲座虽充满期待但还是比较打怵，跟讲坛负责同学说我们试一下。没想到，王克老师欣然同意。在讲座中，他用"快乐专业+快乐职业=快乐人生"的公式阐明了自己的幸福所在。当被问及自己的成功时，王教授这样解释："有幸从事这样一个(教师)职业，它要求我做的事情正是我的兴趣所在。"

此后几年，再遇见王老师，便是在高层C栋西侧的路上，经常见他骑着车，从海边游泳回来。虽相识不深，但会微笑点头而过。

真正了解王克老师，还要从今年暑期党群工作部组成先进事迹报告团开始。根据学校安排，我们几位年轻同志担任报告团的指导人。接到这个任务时，心怀忐忑。虽然从学校新闻网看到了王克老师的成就以及学生们的悼念文章，但因自己缺少对王老师的深入认识和了解，担心不能将他更多的感人细节展现给广大师生。

按照分工，我与理学院数学系李文学老师合作。他是王老师在威海校区招收的第一名博士。初拿到李老师的稿子，是在8月中旬。李老师用一个暑假用心写出的稿子有5 000多字，记录了王老师教他读书、教他思考、教他做人的方方面面。因为考虑到报告会的实际需要，需要指导人与报告人见面，对文稿内容深入交流以期挖掘更多感人细节。于是，我与李老师相约在他办公室交流，没想到一谈就是两个多小时。李老师跟我动情回忆了这十年师从王克老师的点滴，5 000多字的文稿也抒不尽对恩师的感谢与感激。文章的每个字、每句话都是一个感人的故事,包含了王老师对学生的爱与责任。

因为理解和感动于李文学老师对恩师的这份情谊,更让我感受到了将王老师事迹真实、完美呈现和让更多人了解王老师的责任和压力。经近三周的共同努力,多次深入交流与反复斟酌,稿子终于在9月初定稿。李文学老师在拿到终稿后,更是精益求精,在科研和教学工作繁忙的情况下,挤时间反复练习。他常跟我说:"老师的事情,就是自己的事情,必须做好。"

如今,王克老师事迹报告会已经过去一个多月,但王克老师始终胸怀着爱与责任,把学生当成亲人,关心爱护他们,为他们成长成才引路护航的精神,却时常浮现在我的脑海。

王老师曾说"学生们把生命中最美的年华交给了我们,我们只有努力教授给他们真才实学,才能对得起他们的信任。"一位知名教授尚且如此,作为高校的学生工作者,更要将这份浓浓的爱与沉甸甸的责任贯穿到整个工作中,用诚挚的心来对待自己的工作、自己的学生,这样才能对得起家长、学校、学院对我们的信任。对学生要有父母一般的心意,把他们当成自己的孩子。要有一颗真诚的心,想学生之所想,急学生之所急,帮学生之所需,想问题,办事情周到细致。对学生要热爱,而不能溺爱、迁就和纵容,要从各方面严格要求学生,加强规则意识教育和全面成长引领。王老师对于走到教师岗位的学生要求"做好人、做好老师、做好学问"三点顺序不能颠倒;王老师对于拿到国家自然基金的学生谆谆教诲,对于基金的使用要"如临深渊、如履薄冰"……成了很多学生一生的座右铭,而这些必将对学生受益终生。

爱与责任,是师德的内核,学识魅力与人格魅力的交融是师德的境界;更是学生辅导员工作的本质。让我们像王克老师那样,做一个好人,做一名好老师,轻轻托起美丽梦想,伴着青春一路歌唱,用爱与责任护航学生成长。

(作者单位:海洋科学与技术学院)

学习王克老师　感受工大精神

李　新

在得知王克老师去世的时候，我还在校本部挂职学习。当时对王老师的认识更多的还是从校园网上的一篇篇饱含深情的悼念文章中去学习和体会。暑假里，有幸被学校宣传部选中参与王克老师报告会的策划，才从报告人每次交流时难言悲痛的哽咽声中真切地感受到了更多。而让我最为感动的，是在和报告团里的唯一一位来自兄弟院系的年轻老师——计算机科学与技术学院的张兆心交流时所听到的关于王克老师的感人事迹。

王克老师对自己的学生的爱是深沉厚重的，所以有那么多的弟子怀念感伤。但是让我更为感动的是他对陌生人的帮助和鼓励也是如此真诚热情，不遗余力。当素不相识的张兆心老师因为在自己所从事的网络与信息安全方向的研究中遇到数学难题第一次鼓足勇气向先生求助时，先生不但爽快地答应了，而且还非常耐心的帮助他分析算法中存在的各种问题，由此成了忘年交。当张兆心因为屡次申请国家自然科学基金失败而向先生请教时，先生不但给了很多指导，还将自己亲自写过的基金申请书送给他作参考。先生对年轻老师的关爱不只体现在学术研究上，当张老师在成长的道路上遇到一些自己想不明白、想不通的问题时，先生用坚定而又温暖的话语鼓励着这个年轻人的成长："好好做，我相信你一定可以成功。"当我听到这里时忍不住眼眶湿润。我与张兆心年龄相仿，虽然从事的工作性质不同，他做科研教学，我做学生工作，但是在自己的身份由学生变成老师的成长道路上都会遇到一些"自己想不明白、想不通"的所谓的"成长的烦恼"。在这个年轻人成长的关键期如果能遇到一位经验丰富的长者的悉心指点是何其之幸！回首自己的成长之路，也是在这么多前辈、老师的关心指点下才能稳步前行。所以我知道,学校里还有很多像王克老师这样有着丰富经验的老先生在热情无私的支持着年轻教师的成长发展。同样,辅导员在学生眼里也是经验丰富的“过来人”,我们为学生们送去的每一句建议和鼓励也会激励他们更好的成长发展。

在交流中还有一件事让我印象尤为深刻。当张兆心的科研团队需要数学人才时,先生不但积极促成双方团队的学术交流,还鼓励自己团队的老师和学生加入张兆心的研究方向,甚至有多名数学系的学生进入张兆心的团队读研。这不禁让我联想起了在校本部挂职学习期间体会甚深的哈工大精神。我们挂职团在参观哈工大卫星技术研究所时,参与小卫星研制的一位老师曾经说过:我们的小卫星其他高校之所以做不出来,不是技术问题,而是没有一个团队能够像我们哈工大人这样如此齐心协力,合作攻关,无私奉献。因为小卫星研制团队汇聚了来自飞行器设计、力学、信息与通信工程、计算机、自动控制等多个领域的尖端人才,在多学科交叉的复杂环境中,他们始终以国家需求为己任,从不计较个人得失,把各个学科的人才优势和研究院所的工程经验及研制条件有机地融合在一起,才取得了一个又一个的辉煌成绩。这就是哈工大人海纳百川,协作攻关的团结精神。而我校成功入选国家“2011 计划”首批协同创新中心,则为向来擅长协作攻关的哈工大人提供了更为广阔的施展舞台。王克老师虽然站在三尺讲台,却在用自己的实际行动践行着哈工大精神,用他博大宽阔的胸怀帮助每一个需要帮助的人,也感染着身边的每一个人。

斯人已逝,精神长存。作为一名学生工作者,王克老师为学、为师、为人的高尚品质会一直激励着我脚踏实地做好每一件工作,关心帮助每一位学生,做一名合格的哈工大人。

(作者单位:语言文学学院)

丹心热血沃新花

谭军华

性格上朴素随和、亲切乐观,工作中学术渊博、治学严谨、爱生如子,而这再多溢美之词,未免落入俗套,又怎么能将王克老师这一生概括?尤为是,他,为人师表所留存下的那种的精神——我想称之为“师魂”,会在每个教育工作者心中永驻,开出未来的花,生生不息。

我与先生素昧平生,只知其名不识其人,也就是在先生过世之后,通过校园网缅怀先生的文章和聆听先生的报告会,才在脑海中对先生的人物画像逐渐清晰。先生说过:“上好课,做好研究都是做老师的本分,没有什么值得炫耀的”。闻一言而识一人,作为资深的老教授,简单话语却饱含满满深情,毫不矫揉。为人师表,育人天职,王老师用行动践行着他的准则,不动不摇。当得知王老师初调威海时,没为自己争取什么,却为自己所带的硕士研究生特意要了个办公室来学习,我心里突然一顿。不争不骄,一心只系学生,这点滴小事,总会为人所铭记,因为真的很暖。谦逊尽责,恪守原则,王老师让我体会得更深刻。先生溘然长逝的消息传来,让我有种无以言表的沉痛。郑燮有《新竹》一诗,“新竹高于旧竹枝,全凭老干为扶持。下年再有新生者,十丈龙孙绕凤池。”事迹报告会上,听到这么多先生的学生讲述着自己和老师的一路情谊,看到先生的学生或者晚辈,在各领域都小有成就,就不难想到“新竹”节节高,“老干”在背后默默扶持所付出的努力!台下的我,像是在接受一场心灵的洗礼,也更加理解了《新竹》这首简单小诗蕴含的深意。

突然想到今年教师节,我收到毕业生这样一条短信“您不是站在三尺讲台,而是站在我们心里;您不是存在于青春岁月,而是存在于我们整个人生”,辅导员职业能力标准中说,高校辅导员是大学生的知心朋友和人生导师，听着王克老师的事迹报告会，我更加体味到教育部、社会和千千万的家庭委以辅导员的重任。虽然辅导员不直接给学生授课，但却与学生联系紧密，对学生的人生观价值观直接产生影响。做一名有仁爱之心的辅导员，把学生们当作亲人，主动接触沟通，投入足够多的热情和精力，用生命影响生命。关爱与信任是双向的，二十岁左右的大学生朋友，同样会回馈理解关心给辅导员老师。节日的问候，日常的关心，理性的思考，学生的成长，这些都让辅导员也深深地感觉到自身的价值淋漓尽致的得以实现。

“鹤发银丝映日月，丹心热血沃新花”，我想把这句诗献于老先生，献给他那片“丹心赤血”，也是在勉励自己，提醒自己坚守着这份光荣的教育事业。“师魂”长存，吾辈铭记。在以后的工作中，我还是要继续坚定理想信念，加强自身职业道德修养，耐心的对待学生的每一件事儿，心怀仁爱，在平凡的岗位上践行一名教育工作者的职责，为大学生朋友扣好人生的第一粒扣子，用强烈的责任心为他们的成长护航。

（作者单位：海洋科学与技术学院）

十年树木·百年树人·千年传承

——四有"好老师"践行之路

史 菲

当那张骑着破旧自行车且笑容灿烂的学者照片定格在礼堂大屏幕上时,我一下子想起了这是在校园里经常能够看到的一幕。与王克老师没有工作中的交集,但我听说过他的鼎鼎大名,也好奇他为什么是学生爱戴的好老师、同事口中的传奇,慢慢地他成了我的偶像。"为国家培养人才是教师的使命,学生们把生命中最美好的青春年华交给了我们,我们只有努力教授给他们真才实学,才能对得起他们的信任。","第一是做好人,第二是做好老师,第三是做好学问,这三点顺序不能变。"这些真挚而诚恳的话语似父亲语重心长,教给我们责任与担当、爱与尊重。

从孔子问礼到再授孔丘、从韩愈的"师者传道授业解惑也。"到三字经中"养不教,父之过;教不严,师之惰",五千年文明古国一直在诠释着好老师应以传道、授业、解惑为根本,以自省、自修、践行为规范。教书育人、为人师表、以身作则、躬行实践这既是现代师德的精髓,是好教师的标准,更是历史传承给我们的戒尺。做有理想信念、有道德情操、有扎实学识、有仁爱之心的好老师,让我们且行且快乐吧!

为师之道首在师德。"德"的本意为顺应,与"道"相承,昭示"道"的道理,走心才为"德"。子曰:"德之不修,学之不讲,闻义不能徙,不善不能改,是吾忧也"。圣人之时便知为师必先修德,要把师德置于首位。我认为关爱与尊重是师德的核心,更是做一名好老师的基石。王克老师用真心爱着三尺讲台,真正做到了爱徒如子,爱书如命,用爱赢得爱。教师之德必要做到:(1)关爱。对待学生要用父母之心关爱他们的生活和学业,用引导式的教育帮助他们树立信心,努力发掘每一名学生的优点和长处,以激发自信心和成就感。对待家庭困难、体弱多病、思想不成熟、自卑的学生要给予更多的关怀,从精神上和生活上帮助他们缓解生活中一时之难。我们的校园可以处处体现爱,处处充满正能量,每一位老师都是学生们的知心朋友。(2)尊重。教师要在人格层面上与学生平等对话,做到互相尊重。"一日为师,终身为父"是铭刻在我们心中的记忆,学生可以把一日的师傅当做一生的父亲,这是对老师莫大的尊重。然而,我们不要把这种尊重当做是我们的"舍",而要换回"得"。一句古语说的好,"人有德于尔,尔不可忘。尔有德于人,尔不可不忘也"。(3)自省。教师应身正为师,做到育人先育己。大学校园需要有自省精神,包括精神层面和工作层面的态度是否能够做到积极、进取、乐观、豁达和宽容。教师要明确一点,专业知识水平固然重要,但包括道德水平、科学精神、人文精神、思维方法、心理素质等的人文素质培养将直接影响到学生的成长、职业的定位以及在今后社会中的发展。这就要求教师自身要具有高尚的文化素质修养,才能给学生作出无言的表率。教师素质培养,尤其是青年教师素质培养应该贯穿于工作始终。这是除专业知识以外,在人文和修养方面的提升和沉淀。吾日三省吾身,从自身出发培养良好的德行,才能做到以身示范的楷模效果。

为师之重,重在责任。理想和信念源于责任,是我们的精神支柱。对事业的忠诚使我们把教书育人作为崇高的职业,神圣使得这一职业注定非比一般,需要教师的职责和良心,而非单纯为谋生手段。扎实的专业功底、高超的教学能力是让学生信服的基本条件,这就是"学高为师"的道理吧。苏联教育家马卡连柯认为,学生可以原谅老师的严厉、刻板,甚至吹毛求疵,但不能原谅他的不学无术。这就好比做老师的如果只能带着学生在山脚下徘徊,那么学生又怎能登顶呢?不断深造学习,跟踪学科发展势态,提升自身业务水平是做好老师的责任。这种学习的责任不单单是本领域的专业知识,还需要博学。翻阅历史不难发现,有相当数量的伟人不单单在自己专注的领域中获得了杰出贡献。比如“力学之父”阿基米得，既是数学家、物理学家，又是古希腊的哲学家；牛顿这个最具影响力的物理学家、数学家，同时也是位哲学家，并且对神学颇有研究；爱因斯坦既是现代物理学的鼻祖，同时也是著名的思想家和哲学家等。只有博学才能够成“师”，这是良心。然而，高校教师在物质世界纷扰的今天被冲击着，面对金钱与名利心存浮躁，这些心态上的微妙变化很大程度地影响着职业操守。做学问要始终保持健康、积极向上的心理，肯于吃苦、甘于寂寞是做好老师的信念。教育的特殊性在于教育的过程是师生之间沟通的过程。范晔在《后汉书》中提到“以身教者从”，意为用自身行动来教育人，受教者会跟从，这就是“影子效应”的重要性。只有我们做到自律、以身作则、自我提升，从工作细节出发，处处让学生感受到对他们负责任，我们的工作才叫做好了，也就实现了教育的真正意义。

为师之乐，乐于享受。王克老师就是享受在奉献学术、低调做人的生活之中。毫无私心杂念地投身教学与科研，用自己的真诚、纯洁和坦坦荡荡，用高尚的师德心和责任感润物细无声般的感染和带动身边每一位老师，影响着每个人的心灵。正是他的言传身教促使这个团队将无私奉献、爱岗敬业、孜孜以求、勇于创新的精神带给了全校师生。大学校园需要有这种精神，每位教师更需要有这种精神。这种精神力量一旦形成，必然会推动整个校园形成优良的师风，从而培育出优良的学风。校风建设是学校办学的指导思想，是培养教师和学生的沃土。纵观世界各国名校校训，不难体会其中蕴含的含义。例如清华大学的“自强不息，厚德载物”，北京大学的“爱国、进步、民主、科学”，西点军校的“职责、荣誉、国家”，早稻田大学的“学问独立，培养模范国民”，密歇根大学的“艺术、科学、真理”等，均体现了品德、爱国、艺术与民主的特点。这些是治学者对青年人树立良好政治思想品德、崇高思想境界的渴望与期盼。然而校风是教师在各方面表现出来的态度和趋势，校风建设必然以人为根本，依托师风。教师的人格魅力、师德魅力、责任与幸福感必然左右着学校和师生的发展。因此，可以说师风是学校发展的灵魂，没有了魂魄的教育必将止步于发展和传承。

也许我们一辈子也没有王克老师那样的专业造诣，只是平凡而不能再平凡，普通而不能再普通地耕耘在三尺讲台之上，没有动人的事迹和成绩。但是，我们可以写好每页教案、做好每页课件、用心备好每一节课、专心回答学生的每一个问题。学习他努力钻研的态度、教学严谨的作风和为人坦荡的胸怀；学习他淡泊名利、迎难而上的气魄；学习他对教育的忠心、对同事的真心、对学生的爱心。用良心对待每一位学生，用良心对待工作、用良心对待教学，用良心搞好科研。虽然这些看似平凡，却承载着多少家庭的期待、承载着国家的前途和民族的兴衰，这已经很不平凡了！

十载能让树木参天，十载能让孩提成长为少年，十载我们的王克老师带给我们无以估量的财富，十载还将给予我们更多梦想和希望……

让我们不愧于“教师”这一称号，静心于教，潜心育人吧！

（作者单位：材料科学与工程学院）

沉静的力量

张 策

大概是2012年夏季暑期的一个下午,我骑着自行车走在高层C栋通往篮球场的路上,迎面一位老师傅模样的人也骑车过来,我们都想给对方让让路,谦让下的结果却差点撞到一起,那位老师傅也差点连人带车摔倒。好在有惊无险,我们点点头,相视一笑,就各自继续往前骑了。我当时猜测他是从C栋旁的侧门穿过仁泰花园,前往海边去游泳,因当时天气非常炎热,其装扮在学校内也颇为少见:不胖不瘦,上身裸露,头发已白有些乱,戴着眼镜,下穿红色短裤,而且骑的自行车也比较破旧。我的结论是,应该是与学校有点联系的校外人员,不是学校的老师。

同年秋季学期开学后,一个早上,天气还是比较热,我从家步行前往研究院办公室。以往都是走大路,那天我特意从主楼广场前的林荫小路上穿行。刚走不远,猛一抬头见到一位老人正在给一位学生讲解问题,手里拿着笔在本子上划来划去。此刻,我大吃一惊,这不是前段时间差点和我相撞的老师傅吗?我当时就有点不着边际的感觉,突然想到眼前这个人一定是个"高手"——就像《天龙八部》中的扫地僧。那一刻,我就断定他应该是学校的老师,而且隐隐觉得一定是位品德很高尚的老师,虽然以前我没留意过。

后来经打听并到学校网站上找寻,得知这位老师是王克教授,数学界的牛人,平生第一次真正体会到了"肃然起敬"的含义。

自此之后,我在路上见过王老师几次,而且去年暑期在海边也确实见到他在金海滩浴场游泳。

再后来,在学校网站刊文中,在报告会上,知道了王老师更多的生平与往事,心里觉得很难受。

我虽没有同王老师成为朋友，但我们共同认识一个人——魏凤英，她曾是王老师的学生，是王克老师从长春带来的博士生，比我大两岁。但我是如何认识魏凤英的，现在已经记不起来了。2006 年上半年的时候，我们经常在去大食堂的路上遇到，总爱闲聊。她还帮我介绍过对象，但后来并没有成。记得，她当时说过，正在读博士，还告诉我导师是王克，不过我没有记住。当时我的办公地点在主楼 6 楼的 605 房间。无聊烦闷的时候，就会到 6 楼的大厅转转，看看大厅里张贴的一些科研团队的图片介绍。房间斜对面的墙上贴有一张相片：当时也只记得一个头发花白的老师正在指导一位女博士，那个女博士就是魏凤英，她位于照片的主要地位，很突出，而对那个老者却未在意。现在回想起来，那个老者应该就是王克老师，不过当时却没有认真看看王老师的风采，不免有些愧疚。

这样，这些事情串在一起，我发现王老师始终在我的周围，但我却一直都没有机会同王老师有过交流。

在我工作的这十年里，王克老师也一同与我生活在这个校园，我却没有接触到老师，感到惭愧，但也觉得是一种福分。"生活中不是缺少美，而是缺少发现美的眼睛"。王克老师，就像一块宝玉，厚重温润，恬淡无争，在平淡的岁月中留下美德。

王克老师不认识我，也没有同我说过话；我很晚才认识王克老师，也没有同他说过话，这成了我的遗憾，但也让我感受到了沉静厚重和朴实无华的力量。

人生不过百年，弹指一挥间，能够留下足迹的自当是那个时代的楷模。追昔抚今，王克老师的所有一切留给我这个后辈的，是对人生和事业思考与感悟后的选择。

（作者单位：计算机科学与技术学院）

学为人师　行为世范

张维刚

很早之前就听说过“每一个老人都是一座宝库”，一个老人的逝去，则意味着这座宝库的坍塌和消失，这无疑是一种巨大的损失。对于这一人生哲理，我从始至终是坚信不疑的，所以每当身边或所知的老人因为各种疾病等不幸逝世、远离而去时，我都会感觉到，或是很悲伤，或是很遗憾，对这些宝库们的逝去感到很无奈，也很惋惜。而对于我校王克教授的突然离去，毫无疑问，这是一座巨大的无价的瑰宝级的宝库的瞬间坍塌，这种损失是无法估量的，也给大家带了无尽的遗憾和极大的悲痛。

我和王克老师可以说是素昧平生，未打过交道，也没面对面的说过话，但是很早之前就听说过王克老师的“名头”，在校园新闻网上看到过很多关于王克老师的采访和事迹报道，也听很多学生说过王克老师不光课讲得很好，人也很好，对待学生很和蔼可亲，所以我对王克老师是有较深印象，不是完全陌生的，或许我们在校园里擦肩而过，只可惜没有相识，这是一个很大的遗憾。

从 2009 年 6 月发布在校园网上的《用人格吸引人，用真心教育人——王克老师侧记》及后续的系列采访报道，到今年 5 月 11 日王老师逝世后的系列《追思王克教授》，到校区党委作出向王克老师学习的决定及 9 月 10 日王克老师先进事迹报告会的召开，到《王克老师先进事迹学习材料》的下载拜读，再到校园新闻网上《向王克老师学习》系列文章的相继刊出，以及学院组织的集体学习，听了很多，看了很多，也想了很多……

对王克老师的第一深刻印象是他对教育事业的执著敬业和无私奉献以及学生对他的至高评价。从 1984 年开始任教，到 2014 年直至突然病发去世，王克老师在讲台上整整站了三十年，讲了三十年，并且始终如一、坚持不懈，不管身份有何变化，都矢志不渝地忠于教育事业，乐于把全部身心都奉献给教学，敢于挑教学中的重担，勇于担当重任，兢兢业业，不畏劳苦。尤其是作为一名二级教授和年过花甲的老人，常年坚持为本科生上课，主动承担难度最大的课程，敢"啃硬骨头"，不挑教学任务也从不推脱拒绝所安排的教学任务，这是需要强大的信念支撑和崇高的奉献精神的。而王克老师一直秉承的信念就是"担当起教育的责任，对得起学生的信任"，虽简单朴实，但实含至高哲理。学为人师，行为世范，做好老师是要有理想信念的。只有有了信念，才能几十年如一日的坚持。对于青年教师来说，学习王克老师的这种为教学而执著的理念，是非常有必要的，也是很重要的；尤其是在当今较为浮躁的环境影响下，只有心中有信念、对教育事业有执著的奉献追求，才能够静下心来，踏实干好教学这一"良心活"。

王克老师在教育事业上的所有付出是完全不求回报的。若是非要讲回报的话，那王老师最大的回报就是学生们对他的肯定和至高评价。两次被学生推选为"我爱我师——我心目中的好老师"，这不是偶然，而是一种必然，是对王老师三十年如一日的对教育事业的努力付出和对学生充满深情、甘为人梯的"孺子牛"精神的一种响应！"作为教师就一定要先做好人，做好人首先要敬业"，虽然讲课很多年，被称为"数学学科的百科全书"，但每次上课前王老师都要认真备课；对待学生，总是给予和蔼的笑容和爱心呵护，以"仁爱之心"来培养学生；王老师正是用这些实际行动来言传身教地告诉大家如何做学问，如何为人处事的。而做好老师是离不开"仁爱之心"的。只有注入了对学生的爱和呵护，那这种教育才是有生命的，才是有灵魂的。

对王克老师的第二深刻印象是他的勤奋努力和吃苦耐劳。王克老师当知青下乡劳动过九年。这九年里，他什么样的苦都吃过，什么样的累活脏活都干过，但从没有放弃，还是坚持努力学习，并在1977年恢复高考后考入大学深造。而进入大学后，王老师没有坐享其成，反而更加勤奋更加刻苦。为了有更多的时间学习以及不影响他人，王老师在大学期间申请住进了收发室，这一住就是七年，并且成了名人，受到了大家的钦佩,被称为是“住在收发室里的陈景润”。这种勇气是可嘉的,这种刻苦努力是可赞的,这种吃苦耐劳的精神是可学习的。相比起来,对于不少青年教师和学生来说,吃过的苦头还是很少的;我们现今的学习、工作和生活,虽然物质条件层面要丰富优越得多,但是精神层面则较为缺乏,遇到苦事难事就有退避的想法。所以我们更得学习王老师的“能吃苦、更要肯吃苦”的劲头,干好自己的教学科研事业。

对王克老师的第三深刻印象是他的平凡朴实和勤俭节约。在校园网上看过王老师的多幅照片,但印象最深的还是在海边道路上骑着自行车穿行的那幅:稀疏的白发,带着眼镜,不修边幅,身穿背心短裤,脚穿拖鞋,骑着一辆挺破的老自行车,坚毅的眼神望着前方。这个画面让人感觉上是与王老师身为国内外知名的大牌教授的身份相距甚远的,记录的就是一个平凡朴实的老人,但实际上,这才是王老师生活态度的真实写照:对生活要求极为简单,勤俭节约,从不在意吃穿,不讲究享受。王老师是热爱生活的,也是乐于享受属于他自己的生活方式的。他对自己苛刻,但对学生却是极为大方的,把科研经费都用到支持学生学习和搞研究上,遇到学生有急难事情时也是慷慨解囊、雪中送炭。这种反差更能显现出王老师的高尚品质和人生价值观。而这种品质和人生价值观正是我们需要学习和培养的。王老师一生中敢于忘了自己,愿意把全部身心扑在学生身上,这才是崇高的无私精神,是值得和需要我们永远学习的。

王克老师的这些深刻印象将会长久地保存在我的脑海中,挥之不去。习近平总书记说过:“一个人遇到好老师是人生的幸运,一个学校拥有好老师是学校的光荣”,我校拥有王克教授这样的好老师,这是学校之光荣,也是大家之幸。虽然王老师已经离我们远去,这座智慧的宝库已经坍塌,但它不会消失的。“所学要为世人之师,所行应为世人之范”,我们要学习王克老师的先进学识和高尚师德,以王老师为榜样,坚定信念,以实际行动来把全部精力和满腔热情衷心奉献于我们所热爱的教育事业,为实现中国教育梦而努力。

(作者单位:计算机科学与技术学院)

点燃对真善美的向往

胡　婷

有这样一位学者，有这样一位师长，他用自己渊博的学识、丰富的阅历、深厚的经验，为我们作出了育人的表率，点燃了学生们对真善美的向往。

他，就是王克老师。

2014 年 5 月，对哈尔滨工业大学（威海）的全体师生来说，王克老师溘然离世的悲痛消息是那么令人震惊。即使到了几个月后的今天，周围的老师和学生们无不扼腕叹息。我们失去了和蔼可亲、谦和低调、渊博正直的好老师，这是我们的损失。

在追忆王克老师的报告会上，王克老师朴实、感人的事迹，让在座的师生们都忍不住泪洒衣襟。在如今这样一个物质享受至上、道德滑坡的时代，还有这么一群人，被王克老师的高尚精神深深感动着，被王克老师厚重的师生情谊感染着。见贤思齐。在可以预见的未来，我们身边会涌现出很多个像王克老师一样的好老师们。其中，有我，也会有你。因为，王克老师对学生的慈祥关爱，对教学的热爱，对学术的严谨，对同事的宽厚，都潜移默化地影响着我们，点燃了我们对真善美的向往。我们已然顺着王克老师的指引，走向美好的精神高地；这是我们的幸运。

你是真。

真实的，而非遥不可及的。

很多时候，树立在我们周围的榜样或者道德模范，都是那么的遥远。他们或者出现在久远的海报里，或者出现在冰冷的新闻媒体中，号召力也显得有限和单薄。

但是你，王克老师，在我们自习过的教室中讲过课，在我们青葱校园的道路上骑着自行车，甚至在追思您而留下的热泪中，都有您温暖的身影。您曾经与我们，如此的接近。可惜我没有足够幸运，没有机会亲耳聆听您的课程；可是我又很幸运，能工作在您曾经生活过的地方。您的形象如此鲜活，使我们能够近距离感受您的风范；您真实而谦和的言行，给予了我们最大、最真实的感动。我相信，在您巨大的精神财富引领下，我们年青一代会追随您的教诲——堂堂正正做人，兢兢业业教书，勤勤恳恳做学问，争取让我们自己也成为青年学生们人生中的幸运。

我们刚入杏坛，有时候想结合自身的经历，劝导学生们要学好外语，将来会有更多机会和更大的平台。学生们偶有怨言，认为木已成舟，之前基础没有打好，现在都上大学了，都已经20岁了，再想好好学习外语，恐怕悔之晚矣，大有“外语不好，随它去”的思想。但是真实的王克老师，您的一外是俄语，在30多岁时为了方便看英文文献才自学的英语。后来，竟达到用英文授课的水平，真是让人惊叹、佩服。

30多岁，自学英语，最终达到熟练应用的高水平。用自身说话的真实事例，比我们只是用言语来启发学生要有分量得多。今后，我们青年教师也需要这样，要求学生办到的事情，不能只是口头的空谈，自己也要身体力行，才够说服力。

在当下的社会里，还能有如此真实的学者，真是可敬可佩！

你是善。

和善的，耐心细致。

堪称“国宝级”的二级教授，您并没有傲慢自得的姿态，您的和蔼可亲让学生们觉得跟您交流是一件愉悦的事情。您始终以平常淡定之心，去追求朴素真实的教育人生。每次同学们擦黑板，您会真诚地说一声“谢谢”；您会很耐心地回答每个同学的问题，即使再简单也会认真对待。

我想，学生如果提出一个问题，需要整理自己的思绪，凝练自己的想法，到最后发声提出问题，这整个过程对学生来说，也很有锻炼意义。即使这个问题稍显稚嫩，甚至稍显刁钻，我们需要像王克老师一样，耐心地听完同学们的问题，认真对待这些提出问题的学生。对他们来说，这种言行对他们是一种鼓励提问的做法。提问的次数多了，就会留意提问的思路、措辞、表达等更多细节，学生们也会在一次次的摸索中表达能力得到了提升，甚至体会到提问的技巧，个性也会更加成熟。

师者，所以传道、授业、解惑也。“解惑”的前提是，学生们提出他们的“惑”。如何诱导学生愿意说出自己的想法，并有针对性地给出有建设性的回答，王克老师用自身真实的事例给我们作出了典范。王老师在数学系，除了正常的教学任务外，还给研究生开设了讨论班。每周两到三次，每次两到三个小时。在讨论班上，王老师带领学生们交流想法，分享国际上研究的新主流方向，鼓励大家提出和发掘新想法。因而，不仅王克老师本人，他指导的研究生们都践行着科学精神、创新思维，形成了紧扣学术动态、大胆创新的学术团队。

我想，正是这种新做法，是咱们哈尔滨工业大学数学学科，在 2013 年 5 月，进入全球数学学科前 1% 行列的关键原因。被基本科学指标数据库 ESI 收入的 668 篇论文中，王老师发表的那些具有较大影响力的学术论文赫然在列。

王克老师的善，为我们今后的培养人才、团队建设、学科发展，也提供了非常大的借鉴意义。我们如果能像王克老师这样，以和善、耐心细致的态度，鼓励学生们提问，提倡学术交流，团队和学科都会很快得到进步。

你是美。

精神矍铄、开辟研究潮流的“潮人”。

或许，在很多人的审美观中，王克老师跟“美”字似乎有点距离。经常是洗得发白的运动服、稀疏的头发，哪里是个“潮人”？

在现在公开的王克老师照片中，无一例外都带着眼镜；但是镜片后充满睿智的眼神更加引人注目，从容淡定并不是王克老师的同龄人都拥有的神态，学者的气场也几乎要“跃然纸外”。这种良好的精、气、神，是足以让很多王老师的同龄人羡慕的状态，当然也能称之为“美”。

我们生活中，判断“潮人”的唯一标准似乎是他/她是否手持 iphone6，再不济也要 5S。如果拿着这个水果手机，不管他做的事情是否是传统的、中规中矩的，都能被称为“潮人”的话，那我们可敬的王克老师当然不是这一阵营的。王老师所做的，是革新的创举，是紧握时代潮流脉搏的“弄潮儿”。

2003年“非典”疫情发生以后，他第一时间对SARS病毒的传播模型给予关注，为此他开辟了随机生物数学研究方向，潜心研究随机微分方程对解决实际问题的应用途径，完成了国内第一部随机生物数学专著。这种对时代的敏感度，并不是每个人都有能力去把握的。如果现在，王克老师仍在世的话，他也会站在潮头浪尖上，开始使用随机生物数学对埃博拉病毒传播模型进行研究吧。

因此，王克老师才是最潮的潮人，比只是追求物质的潮人更进一步。此外，他带领了多少弟子进入了数学殿堂，领略了数学之美。

难道你说，这样的王克老师还不美吗？

虽然王克老师不是思想政治课的老师，只是一个教几十名数学系专业学生的老师，但是他却用生命阐释了真、善、美，让我们在道德日益滑坡的当下，感受到了真善美的正能量；同时感染、鼓舞着我们朝着同一目标进发，因为我们对真善美的向往已经被点燃。

借用美国当代教育家劳伦斯·科尔伯格的话：“道德教育绝不是背记道德条例或强迫纪律，而是促进道德认知水平的发展。”王克老师已经用生命促进了我们对真善美的认知，他无愧于“师德模范”的称号。

让我们继续向着真善美前进！

（作者单位：汽车工程学院）

织就锦绣暖人间

沈义涛

英国教育家罗素说:“爱是一缕金色的阳光。”

2014年教师节,我参加了追忆王克老师的报告会。这个报告会与我以前听过的任何报告会都不同。一是作报告的人满含着热泪,几度哽咽;二是听报告的人,止不住地仰起脑袋,似乎想把快要溢出的泪水流回眼眶里去。大家都饱含着深情,来回忆、学习这位有着传奇色彩的王克老师。

很可惜,我是在王克老师离世后才来到学校工作的。没有机会去听王克老师的课,或者像另一位计算机学院的报告人一样,向王克老师就一些科研难题进行请教。但仅凭着几位报告人深情的讲述,我都已经被王克老师的事迹深深感动了。

正如习总书记今年在北京师范大学讲演时所说:“做好老师,要有仁爱之心。好老师应该把自己的温暖和情感倾注到每一个学生身上,用欣赏增强学生的信心,用信任树立学生的自尊,让每一个学生都健康成长,让每一个学生都享受成功的喜悦。”王克老师正是这样,从他的言行中,我体会到的是他对学生的深切关爱。无论是十几年前把电暖气送给学生以便取暖,还是离世前还在三尺讲台上默默耕耘,都是他爱的温暖体现。

习总书记还说,“好老师还应该是智慧型的老师,具备学习、处世、生活、育人的智慧,能够在各个方面给学生以帮助和指导。”王克老师也正是这样,因为他爱教育事业,他爱学生,所以才能智慧地从各个角度、各个方面给予学生指导、建议和帮助。从学习上,为新入学的本科生打开数学殿堂的大门,消除他们对数学的畏惧心态;从处世上,他告诫弟子们要“堂堂正正做人,兢兢业业教书,勤勤恳恳做学问”,而且

“这三点的顺序不能变”;从生活上,他给需要帮助的学生送去温暖,甚至家里的洗衣机里正在清洗的都可能是学生的床单等大件物品;从育人上,他待人谦和、低调,耐心细致地对待学生们提出的任何问题,从自身言行上,给周围老师和学生们以感染,“润物细无声”。

这些事迹,令我深受感动,也很受教育,引发了我这个刚刚踏入杏坛的青年教师的思考。让我最有感触的是王克老师的两件事,督促学生锻炼身体,给学生开设讨论班。这两件事情,让我感慨万千。

回顾我自己和同期上大学的同学们,当时可能对于学习,还能孜孜不倦地进行钻研;在学生会也做过干部,也有意识地对自己的能力进行了锻炼。唯独对自己的身体素质,我们并没有重视起来。没有养成良好地主动锻炼身体的意识,工作后更是有了借口,因而我们的身体素质逐渐在走下坡路,也开始有了各种身体器官的抗议,应对出差或是加班时常常感到吃力。

对比现在的学生们,我觉得他们的身体基础可能比我们十年前上大学时更差一些。因为他们被网络吸引的程度更深,与大自然的户外接触更少,强身健体的意识更为薄弱。每年都有网络报道,高考后总有一些学生夜以继日地沉迷在网络游戏中,偶有猝死的事例,让家长和社会痛心。

我们现在所处的这个时代,“爱惜身体,强身健体”的意识还没有被足够重视。在青年学生的求学阶段中,能被保障的锻炼时间可能只是有限的体育课时间。我们的国民身体素质现状不容乐观,但如果在青年性格和意识培养关键的大学阶段,老师们除了能帮助学生们掌握好知识、做好学问,提高表达和沟通能力外,也能给学生们强调主动锻炼身体的重要性,帮助他们养成强身健体的习惯,那么学生们会因为这个好习惯受益终生。

王克老师就是这么做的,他以自己的身体为例,给学生们展示游泳的好处,鼓励和督促学生们积极锻炼身体。有这种意识的老师,才真的是“让每一个学生都健康成长”,才能有身体条件在将来“享受成功的喜悦”。

第二件启发我的事情是王克老师给研究生开设讨论班。在讨论班上，王克老师带领学生们一起，共同分享国际上研究的主流方向，紧扣最新学术动态，学以致用，并发掘出许多新的研究方向。这种做法，无论在哪个学科，都是很有借鉴意义的。不仅仅看重试卷上的分数，也看重试卷以外，敏锐的洞察力、自信的表达、一定的科研能力等都能在讨论班上得到初步培养。

讨论班上的国际最新学术动态，刚开始是老师在发言，学生们处于接受信息的过程，但多参加几次讨论班后，学生就会跃跃欲试，想发表自己的见解。这就督促他们自己去搜集信息，去整理自己的思路，去选择合适的措辞，在班上公开地把见解表达出来，可能还要面对存在的不同意见，互相进行解释、说服，甚至还要学习在适当的时候“求同存异”；团队达成共识后，还要学习怎么共同制定研究策略，讨论研究方法，协商任务分配以及时间节点，如何保证各个分课题协调一致地进行。这种柔和的、渐进的方式，比口头强调科研能力要温暖得多。

参与和分享整个过程，对于锻炼学生的综合素质是非常完整的。这一系列的能力，不仅将来在科研道路上会被使用到，而且即使学生毕业后，不管进科研院所，还是进公司企业，这些经过锻炼的能力都会使他们在任何一个工作岗位上大放异彩。这样的毕业生，是哈工大的幸运，将来也会成为哈工大的骄傲。

所以，王克老师举办讨论班这个事情，让我特别受启发。将来条件成熟时，我也会像王克老师一样，借助讨论班或者类似载体，让学生们得到全面的锻炼。在他们将来的求职简历上，不仅仅有高学分，也要有能吸引用人单位的言之有物的能力体现。

总而言之，能在今年教师节，亲身感受到王克老师对学生、对家人、对同事的爱，能被深厚博大的爱所感染，是我个人的幸运。在大学校园里，作为青年教师的我，会在温暖的金色阳光下，用“理想信念、道德情操、扎实知识、仁爱之心”，让我们成为大学生们人生中的幸运。

（作者单位：汽车工程学院）

对于加强我校师德建设的思考

——对王克教授优秀事迹的反思

刘晓莉

今年的教师节大会，学校设计了不同于以往的形式，如果说以前是侧重于庆祝，今年更多的则是追念和反思。

教师节大会上关于王克老师的事迹报告会感动了在场的每一个人，那是一种在很多人心中已经久违了的关于教师这一职业的真正诠释，是一个知识分子奉献自身，成就学生与教育事业的人生经历。

教师这一职业对我而言，一直都是神圣而纯洁的。要做一个好老师，专业知识当然重要，但我认为更重要的是师德，道德是人生的灯塔，对于教师这一职业而言，师德有着格外重要的意义。

我们高校教师肩负着培育国家未来建设者的重任，师德是教师的职业道德，是教师的道德意识、道德关系和道德活动的总和，是教师素质的核心部分。中华民族在几千年的教育实践中，形成了优良的师德，如“学高为师，身正为范”“师者，所以传道、授业、解惑也”等，都是广大教师必须传承的优秀传统，有了这些，我们才配得上“阳光下最光荣的职业”这一称谓。

关于师德的具体内容有很多，我认为最重要的是坚定心怀天下，教书育人的职业信念。

同社会上的其他职业一样，教师这一行业的基本道德也是热爱祖国，服务人民。对于高校教师来说，爱国主义不应仅仅是空洞的口号，我们应当有振兴中华的强烈责任感，时刻将民族大义放在心上，以自身行动去诠释这一优秀道德传统。中国知识分子中的佼佼者向来都有“天下兴亡，匹夫有责”“先天下之忧而忧，后天下之乐而乐”的爱国主义情怀，这种对国家、民族大义的强烈责任感，应当成为中国知识分子高品位人格的核心和灵魂。教师的这种情怀和责任感，可以在课堂和课下影响学生，使他们的心灵受到震撼，产生强烈的共鸣。

我们应当以马祖光院士、王克教授等优秀教师为榜样，在教育岗位上自觉地努力工作，牢固树立社会、国家利益为上的集体主义精神，并把这一精神渗透到教学中，引导学生正确认识和处理国家、集体、个人的利益关系，提倡个人利益服从集体利益、局部利益服从整体利益、当前利益服从长远利益，反对小团体主义、个人本位主义和损公肥私、损人利己，把个人的理想与奋斗融入广大人民的共同理想和奋斗之中，为国家的政治清明、经济强盛、文化繁荣培养出千百万合格的“四有”公民。

其次，努力提升自身业务水平，做好学生的领路人。

社会的发展与国家的进步要靠科学技术与人文关怀来支持，而这一要求恰恰是高校教师的职责所在。当今社会，科学技术高度发展，科技不仅对生产力产生了巨大的推动作用，也极大地改变了人们对自然界和自身生存的社会环境的看法。高校是学生接受系统教育的重要阵地，教师应当不断更新自己的知识结构，拓宽业务知识，培养终身学习的自觉性，掌握必要的现代教育技术手段；要遵循教育规律，积极参与教学科研，在工作中勇于探索创新，跟上变化了的时代和形势，将最新的科技成果和科学知识传授给学生，引导学生将所学与社会需要相结合，使之产生实际的效益。

在我们哈工大(威海)，有许多从事理工科教学的老师，不断充实自身业务水平，甚至自费参加相关课程和科研的国际国内会议，把最新的研究成果毫无保留地传授给学生。

对于我们从事人文社会科学研究的教师而言，则应教会学生用科学的方法看待世界，重点培养学生分析和解决问题的能力，培养学生健全的人格，拓展他们适应社会的能力。另外，要立场鲜明地反对各类邪教组织宣传封建迷信、试图颠覆社会的反动思想，自觉克服西方国家意识形态领域的入侵和渗透，帮助学生树立正确科学的世界观、人生观和价值观。

第三，自觉克服学术浮躁与功利思想，还课堂一片净土。

随着我国市场经济的深入发展，教师中原来清贫乐道、勇于牺牲、无私奉献的精神逐渐被“个人优先，兼顾社会”的思想观念所代替，更多的强调自我，价值目标转向现实化与世俗化。

对于这个问题，我们应当以老一辈知识分子为榜样，对于物质利益，学校和国家已经给予了很多，这不应当成为教师这一职业的奋斗目标。王克教授的那几身旧衣服，给了我极大的震撼，这是一个知识分子的真正本色。作为一名教师，我们这一生要追求的目标，是甘做铺路石，为学生筑起更美好的未来，迎来桃李满天下，让学生拥有更远大的前途。一个知荣辱明大义的正直高尚的教师不会教给学生不负责任、弄虚作假，不会教育学生为了个人利益而放弃甚至损害他人、集体、国家的整体大义。

要切实提高我校教师师德水平，也不能仅停留在靠教师本人自觉性的层面，还要发挥学校的监督作用，注重正面引导，定期举办相应的政治理论学习活动，通过理论学习，不断提高教师的思想道德素质，引导他们认清历史使命和责任，了解社会、了解国情、加强社会实践锻炼，进一步增强高校教师的使命感和责任感。

另外，我们应当尝试建立师德师风的表率机制。榜样的力量是无穷的，这些优秀教师的代表就在我们身边。我们应当大力弘扬师德传统，提倡敬业奉献，把那些在本职工作中开拓进取、艰苦创业、教书育人、作出突出贡献的先进个人作为全体教师学习的典型，在教师队伍中进行广泛的宣传。我们期待，有更多的优秀教师在这美丽的校园涌现，引导学生们走向更广阔的明天。

（作者单位：思想政治理论教学部）

身体力行　做一名优秀的德育教师

——学习王克老师事迹有感

史建锋

近段时间，校区党委号召开展了向王克老师学习的系列活动，借此机会我认真学习并了解了王老师的事迹。以前久闻王克老师大名，但与其并不熟悉，通过仔细品读了他的学生、朋友写的悼念文章才发现，自己与大师的“距离”竟如此之远。“责任”二字对王克老师而言意味着很多，他以自己的实际行动将老师的职责诠释得淋漓尽致。

学习王克老师的事迹，追思他的往事，感受他的精神，更重要的是激励我们这些后来人时刻牢记自己的职责，做一名人民满意的教师。身为一名德育教师，尽管站在三尺讲台的机会并不多，但这并不妨碍我们对于学生的“传道、授业、解惑”，这里的道是做人的道理，业是适应社会的能力，惑是对人生、未来的困惑。无论任课教师还是德育教师，我想大家奋斗的目标只有一个：帮助学生成才。

对照王克老师的事迹，我认为要成为一名优秀的德育教师要做到以下几点：

做一名优秀的德育教师，首先要了解学生。“因材施教”是做好教育工作的重要法则，而了解学生是因材施教的基础。作为教育工作的主动推动者，教师首先要对自己的学生全面了解，不仅了解他们的学习，还要了解他们的生活、性格等，只有这样才能更好地为学生们的成才提供有力的支持和帮助。当前，我校德育教师数量少，任务重，在陷入繁杂的事务工作之际更需要我们加深对学生的了解。只有这样才能更有针对性地开展自己的工作，提高工作效率。

做一名优秀的德育教师，要关心和尊重学生。关心学生，要关心学生的生活，关心学生的所想、所求；尊重学生，要尊重学生的利益，尊重学生的人格。近期，个别高校曝出了一些师德丑闻，这些都反映了有些教师没有做到对学生应有的尊重。身为德育教师，工作内容中有服务，也有管理。在学生遇到困难或挫折时能够及时伸出温暖的手，保护学生；在涉及学生切身利益时能够坚持原则、不偏不倚，尊重学生。这些都需要我们在日常生活中的点点滴滴中去实现。

做一名优秀的德育教师，还要培养和锻炼几种能力。首先是基本的业务能力。无论是学校政策的解读，或是日常事务的办理，德育教师都应该了解、吃透。只有这样才能避免推诿、扯皮，创造一个高效的工作氛围，建立良好的师生互动关系。其次是指导学生成才的能力。“做学生的人生导师”，这是教育部对高校德育教师的定位，同时也是国家对于德育教师的期望。比照这一目标，每一名德育教师要学习和提高的能力很多：心理辅导能力、生涯规划能力、理论讲解能力等。另外还有一些很具体的能力如组织管理能力、应急能力等，对于一名德育教师，这些都是必不可少的。社会对我们的期望很高，这就需要我们不断学习，用理论武装自己，用实践锻炼自己，全面提升个人的综合素质，更好地投入到国家的教育事业当中。

回首往事，在校区工作已 12 年，算上求学的时间，自己完全可以称得上是位“老人”了，每每走在安静、美丽的校园，想想这里留下了许多美好的回忆，一种自豪感和亲切感油然而生。这当中，不仅为生活在如此美丽的校园环境而感动，更是为自己从事了如此高尚的职业而自豪。在追忆王克老师之际，特著此小文，以励吾志。

再次向王克老师致敬！

（作者单位：经济管理学院）

学习王克老师　做“四有”辅导员

韩　茹

还记得那天在礼堂参加王克老师事迹报告会的时候，在《长大后，我就成了你》的背景音乐里，视频上王老师在讲台上耕耘的身影变成了灰白色，那一刻，我的眼前模糊成一片。看看周围同学，无不是潸然泪下，有的甚至抽泣起来。那一刻，我深深地感受到，有一种精神，就是这样的直击心灵。

之前我对王老师没什么接触，但是通过听学习会上的报告，后来看校园网上老师、学生的追忆文章，以及随便使用百度就能搜出来的其他院校的悼文，一个头发花白、面容普通、亲切和蔼的师者形象逐渐形成，他看起来很平凡，但是在平凡中却蕴含着人师的精神。他在为同学授课答疑和日常相处的过程中，将为师之道、为人之道留在了学生的心里，并且感染了大批老师。

有人说，幸福的生活总是相似的。这句话换一下内容，完全就是王老师的真实写照：优秀的老师在精神上总是相通的。在学习习总书记教师节讲话的时候，我发现习近平总书记提出的“四有”，每一条王克老师都具备：他理想信念坚定，几十年来致力于将自己所在的领域挖掘得更深，为国家社会发展提供助力；他道德情操高尚，平时为人处世皆为道德上的楷模；他有扎实学识，知识面深而广，并且不断进取不断学习；他更有仁爱之心，他的眼神慈爱、友善、温情，透着智慧、透着真情，为学生和同事提供的帮助永留心间。

作为一个辅导员，王老师的事迹深深地打动了我，而习总书记的讲话又为我未来的道路指明了方向。辅导员不是任课老师，但是却担当着思想政治教育的重任。我们的教育培养的是社会主义事业建设者和接班人，要为人民服务、为中国特色社会主义服务、为改革开放和社会主义现代化建设服务。“士有百行,以德为先”,如果我们培养出的人有才无德,他将是这个社会的危险品。所以我们教育出的学生应该有正确的理想信念,而这首先要求我们具有引导的能力。做好老师,要有道德情操。同事间曾戏言,什么样的辅导员带什么样的学生。古语也曾说,言传不如身教,所以我们应当不断地完善自我,提高知识修养和文化品位,形成人格力量和人格魅力,引导和帮助青少年学生扣好人生的第一粒扣子。做好老师,要有扎实学识。辅导员的工作内容是繁杂的,基本上任何问题都有可能被同学问到,这就需要我们具备学习、处世、生活、育人的智慧,才能既授人以鱼,又授人以渔。做好老师,要有仁爱之心。走到同学中去,和他们打成一片,才能更好引导他们,“亲其师”方能“信其道”,严爱相济是学生成长过程中的暴雨和阳光。

想想自己,在处理日常事务中虽已比较熟练,但是每当学生问起以后的发展道路时,总感觉建议的不是很有底气。看着他们充满信任的眼神,有时难免心虚。然而这个也是急不来的,它需要指导者历经世事,走过风风雨雨,具备了人生的大智慧后才能做到。“见人善,即思齐,纵去远,以渐跻”,只要多学习优秀前辈的精神,在习总书记讲话的指导方向上不断努力进取,纵然不一定能到达很高的境界,但一定能在师者的路上走得更远,为我们的教育事业献上自己一份微薄之力。

(作者单位:经济管理学院)

斯人已逝　精魂长留

王建亭

从今年5月，惊闻王克老师不幸离世起，一次次被那些感人的文章冲击着。如果不是王克老师的突然辞世，可能至今仍然不知那个衣着朴素得不能再朴素的老者，竟然就是大名鼎鼎的王老师。如果不是看到那一篇又一篇让人落泪的纪念文章，可能仍然不知这个学界泰斗居然是我的校友。

在东北师范大学学习生活了七年，学校的一草一木对我来说了然于胸，这其中就包括承载着王老师传奇经历的那间传达室。1997年我考入东北师范大学政治教育系（1998年更名为政法学院），那时政治系与数学系共用同一个教学楼，传达室的条件非常简陋，更不用说20年前的样子。在这样的环境里，王老师能像孔子的弟子颜回一样，久居陋室而不改其志，令人叹服。在那个特殊的岁月，经历异常坎坷的王克老师没有被生活的磨难击倒，反而磨砺出了在求知求学上的坚毅与勤奋，这让他在追求真理和永攀科研高峰的道路上始终自强不息。早在20世纪80年代，他就首次创造性地建立了Ch相空间理论，为无限时滞泛函微分方程的研究奠定了基础。他开辟了随机生物数学研究方向，潜心研究随机微分方程对解决实际问题的应用途径，完成了国内第一部随机生物数学专著。

王克老师在追求学术上求真求实，在治学上更是严谨严格，精益求精。他坚持用心讲好每一堂课，从来不让学生带着疑惑离开课堂。他不仅讲好书本知识，还广泛运用数学学科最新理论丰富授课内容，被学生称为“数学学科的百科全书”。他坚持每周为研究生开设讨论班，培养学生的科学精神和创新思维，引导学生坚守学术操守和道德理念。他要求自己的学生必须要有真本事，对学生的每一篇论文都认真审阅修改,就连标点符号也严格把关。这与我校校训"规格严格、功夫到家"不谋而合。王克老师作为我国数学界颇具影响的知名学者,1992年起便享受国务院政府津贴。以他的资历和条件,完全可以减轻日常教学任务,但他淡泊名利,始终以平常淡定之心去追求朴素真实的教育人生。他不仅常年坚持为本科生和研究生上课,而且还主动承担《数学分析》《微分几何》《常微分方程》等难度最大的教学课程,直到突发脑溢血的前一天还在讲台上为学生讲课。

在今年教师节到来前夕,习近平总书记在北京师范大学与师生座谈时指出,一名好老师要有理想信念、有道德情操、有扎实学识、有仁爱之心。从王克老师这位可敬的校友身上,我看到了这一切。作为一名辅导员,常常被一些日常的事务性工作缠身,也常常以此为借口麻痹自己,让自己的惰性得以蔓延,使得自己常常因为没有时间深入开展学生思想政治工作而苦恼。但在看到了王克老师的事迹之后,我陷入了反思,陷入了惭愧。在条件极其艰苦的环境里,王克老师尚能奋发图强,取得巨大的成就,相比之下,现在的条件已经不可同日而语,我又有什么理由不努力做好工作。辅导员虽然不能像王克老师那样精通专业知识,无法从知识上给学生以解答,但并不意味着在学生学习方面无所作为。在知识范畴外,有大量与学习有关的事情可做,在学习风气、学习方法、学习环境等各方面都可以帮到学生。学习上尚且如此,就更不用说在思想政治工作上了,有大量工作需要去深入思考并付诸行动。

师者,传道授业解惑也。从教以来,王克老师一直这样做着。他的求真求实、他的坚毅勤奋、他的淳朴向善、他的无怨无争,将激励我振奋前行。

斯人已逝,精魂长留。

(作者单位:计算机科学与技术学院)

学习王克教授 树立学人风范

——听王克老师先进事迹报告会有感

张纳川

9月26日晚,我们接到通知,要参加一个很重要的会议,学习一位教授的先进事迹,走进教室,引人注目的,是投到大屏幕上的几个大字:王克老师先进事迹学习大会。身为数学系的学生,今天终于可以来仔细全面地聆听一下王克老师的事迹。

我们的辅导员杨老师简要介绍了一下王克教授,来这里之前我就听说过王克教授的声望,也知道了他不幸去世的消息,深感遗憾。杨老师曾经也是王克教授的学生,与教授接触不少。她向我们深情讲述王克教授在她心中的地位,以及过去与教授的交往经历,感动处几度落泪。此时,在我心中已经有了王克教授的一个轮廓。

随着讲述人的回忆慢慢打开,我仿佛被时间带回到了上世纪五六十年代。出身良好的王克老师本来可以非常顺利地进入高等学府学习,但却被"文化大革命"彻底改变了命运。他的家庭遭受迫害,自己失去了亲人,学业也被迫中断,到山村下乡9年。"天将降大任于斯人也,必先苦其心志,劳其筋骨,饿其体肤,空乏其身,行拂乱其所为,然后动心忍性,增益其所不能。"也许是天妒英才,也许是上天故意要给他磨炼,这9年里,王克教授吃常人所不能吃之苦,他的意志非但没有被打倒,而且在艰苦的环境下,他还坚持对数学的学习,在数学世界中探寻。此时,一个在黑夜里刻苦钻研的青年形象浮现在我眼前。功夫不负有心人,在恢复高考的那年,王克教授以优异的成绩考入了东北师范大学。历史上曾有无数人屈服在命运的威压下,但王克老师并不向命运屈服，他扼住了命运的咽喉，自己掌握了它！那些反抗命运的人啊，心中到底有着什么样的信念！

之前遭受过的苦难，使王老师倍加珍惜来之不易的大学生活。为了最高效率的学习，他果断搬进了收发室，而且一住就是7年。这种对学业的刻苦与执著令我深感敬佩。在大学的4年，王克教授一心扑到学习上，衣服口袋里一直装着单词卡片，同学们每晚都能见到他在收发室伏案苦读的身影。以这样的平时训练，王克教授在班内遥遥领先，而且他的事迹也传到了其他年级。王克教授刻苦求学的精神感染了身边的每一个人。

王克教授的求学精神令人敬佩，而他的为师之德更令人感动。2004年，王克教授来到威海，主动承担了数学系最重要的基础课《数学分析》的教学。他来到这里，没有任何额外的要求，这是真正的学者风范，不为名利，只为纯粹的学术研究与传播知识。来到威海后，他仍保持着过去朴素的风格，一身洗得发白的运动服穿了十几年，一辆古董级的自行车骑起来叮当响，从1992年起就领国务院政府津贴，几十万的科研经费全部用在学生身上。王克教授在教学任务上勇挑重担，他的教学强度不亚于其他青年教师，这还不包括周末开设的没有任何报酬的讨论班。王克老师总是先为他人着想，总是把自己放在最后一位。曾经一度《微分几何》课没有人教，面对这门颇难的课程，许多老师望而却步，而王克教授却爽快地答应了。面对如此多的教学任务，虽然是教了很多年的老教授，他仍一丝不苟地备课，不容一点差错。王克教授曾说："误人子弟是不可饶恕的罪过。"王克教授的尽职尽责，是所有学生的幸运。虽然年过花甲，王克教授依然活跃在讲台。可谁承想到，前一天还在讲台上讲课的老人，后一天就永远离开了我们。

视频最后，播放了王克老师生前的教学录像，表面看上去，他只是一位平凡的老人，但当他在讲台上"指点江山"之时，他便成了瞩目的焦点。正如他教过的一位学生所说："看到的是一个穿得有点寒酸的老人，微微有点驼背，说话时面带微笑。直到他翻开手上的教材，才显露出大师的风范。"不论是他的求学经历，还是他的教学生涯，都令人敬佩，令人感动。他对待学生，就像对待自己的孩子一样。7位讲述人讲到最后，都含泪凝噎。当《长大后我就成了你》的歌声响起时，在座的不少同学都泣不成声。我们或许不能都成为像王克老师那样的大师，但他的精神会永远激励着我们在求学路上一直向前，去创造数学系的新辉煌！

学习大会结束了，同学们带着沉思陆续离场。漆黑的夜色下，寂静依旧，头顶的几颗星闪烁着微光。作为14级学生，虽然遗憾地与王老师错过，但王老师治学为人的精神如天上的星光，依然闪烁，指引着我们在成长求学的路上做好人，做好学问。

（作者单位：理学院数学系14级2班）

让我也做您的学生，好不好？

刘亚楠

王克，于我本是一个陌生的字眼。却在近些日子里变得那般熟悉，作为一名经济管理学院的学生，我与王老师您素未谋面，可我的眼前却总有那么一个与您有关的模糊又熟悉的身影。

讣告里的字眼有些冰冷，让人有些不敢触碰。然而，这是我第一次知道王克这个名字，与您的结识怎么也没想到会以这种方式开始……

接下来的日子里，不断地看到身边同学的动态，有人说“第一次参加追悼会，献给我爱的王克老师”。那些怀念是我的，我开始想要读懂他们眼中的您，想知道您的故事。接下来，学校主页上有着越来越多的关于追思您的报道，眼睛随着这一幕幕的文字而潮湿……眼前先是模糊，继而浮现出您的模样……

乱乱的头发，朴素的衣着，数学分析课堂上笑呵呵的讲解着大家误当作天书的难点，满脸慈爱地鼓励着学习受挫的同学，忍着伤痛坚持在讨论班给同学上课，即便连走路也需扶墙依旧连夜把学生的申请书逐字逐句地修改完毕。老师，您似乎有些任性，学生让您休息，您却不肯走下那三尺讲台，继续传道、授业、解惑。老师，您似乎还有些偏心，自己受伤都全然不顾，还不忘跟您的学生说“身体是革命的本钱”、“注意身体，要多锻炼”。

当看到病房中您憔悴的面容，心也随着作者一起祈祷，虽然明明早就知道了这样悲伤的结果，却依旧忍不住期待奇迹的降临……只可惜现实太过残忍……

文章的作者都是您喜爱的学生，他们大多是曾经给我们上过大一数学基础课的老师，透过文字，我似乎可以看到他们悲伤的表情，感受到他们的哀痛……他们一度是我最喜欢的数学老师，而您却是他们永远的老师。我有些羡慕我的这些老师，有您当老师该是多么幸运而幸福的事情啊。

而事实上，我也很幸运，很幸运的有您的学生当我的老师。课堂上的他们不厌其烦地讲解着各个知识难点，诙谐的授课风格扫去了我们满身心的困意，还记得吕老师最经常说的那句话“这地方你们懂吗？不懂没关系，这地方确实比较困难，我再给你们讲一遍。”。其实，我们早已把他一遍遍的讲解熟记于心头。吕老师答疑的时候，可以用耐心加细致来描述，在应试考试的大环境下，他却总是喜欢教授我们一题多解的思考方式。听吕老师的课，是一种享受，代数与几何这门课最终也成了我掌握最扎实的基础课。

之前常常在想，为何吕老师授课时总是透露着那暖暖的感觉，如今我大概有了答案，他恐怕是在想着您的吧！不，您的言传身教早已融入您的学子的一言一行之中。您安心好了。

传授知识有很多途径，在他人对您的追思中，我在认真地听着您所讲授的最后一门课，您一生的经历便是这门课最好的教材，只可惜此时的我，连皮毛也无法读懂……“如临深渊，如履薄冰”我把它写在了笔记，刻在了心里。默默揣摩，把它当成我日后学习、工作的准绳，时刻提醒着自己。我便这般，如此冒昧地把自己也当成了您的学生。

粗浅的文字，道不出我满心的伤感与对您的尊敬。我知道，天堂的您依旧挂着那熟悉的笑容，关注着您爱的这份教育事业还有您的这些学子们。您请放心，这里一切都很好，您安心地睡吧！

（作者单位：经济管理学院）

我以我血荐轩辕

袁思申

为什么激情五月的哈工大蒙上晦暗的阴霾？为什么这些师生眼噙泪水，默默不语？为什么我笨拙的笔下写满了伤感的文字？

因为，王克老师，他走了。

“生如春花之烂漫，死如秋水之静美”的他永远离开了自己深爱的三尺讲台。

静静凝视着“向王克老师学习”的视频，聆听着他的学生对他一字一句的描述，一位素未谋面的老师不禁让我热泪盈眶。

“路漫漫其修远兮，吾将上下而求索”

王克老师立足于数学教学，一做便是三十多年。他不是一个能忍受寂寞的人，而是一名愿意坐冷板凳的教育先锋。没有住过豪宅，没有开过名车，没戴过贵表。奢华的生活仿佛与他有着深仇大恨，对他而言，生命的真谛仅仅在于一张讲台，一本讲义，一支粉笔之中。

科学是幸运的，曾有这样一名学者兢兢业业，任劳任怨，为泛函微分方程和随机生物数学努力工作，不断开辟具有广泛应用背景的数学科学研究方向；哈工大（威海）是幸运的，曾有这样一位朴实无华的老师全身投身于教学科研等各项工作；我是幸运的，在青春最放荡不羁的时光里，一位胸怀国家和人民的仁德之师用他真实的生活教会了我“立身于世，勿骄奢，倾其所能报之于国”。

“黑发秋霜织日月，粉笔无言写春秋”。

王克老师用他的一生诠释着“一日为师，终身为父”的古训。他生前这样说过：“学生把生命中最美好的年华交给我们，我们只有努力教授给他们真才实学，才能对得起他们的信任”。

从学生的言词里，我想像这样一位青年满怀着对祖国，对事业的热情投身于教学，从此日夜在台灯下演算思索；我想像一位慈父般的中年人细致地叠起学生的床单，在中秋的聚会上为家在远方的学生夹上自己包的饺子；我想像一位老年人激情昂扬地在黑板上书写着繁琐的公式，每一次回头，望着学生的眼神都饱含着骄傲与自豪。

“你不要畏惧数学，认认真真地做下去，总有一天，你会爱上手头的事。”“勇敢地去申报这个奖项。即使落选了，也是对自己前期工作的总结。”“你一个人生活在国外，学习是次要的，身体才是第一位，有好身体才能为国家作贡献。”这曾是王老师对他的学生说过的话。不！我分明是看见了一位父亲对他子女的叮嘱与鼓励。

新竹高于旧竹枝，全凭老干为扶持。明年再有新生者，十万龙孙绕凤池。

王克老师，您扶持过多少国家栋梁英才，却未等到“十万龙孙绕凤池”的一天。但我相信，那一天会来的，一定会来的。我依稀在他们的眼神里看见了您高大的身影……

（作者单位：船舶与海洋工程学院14级机械1班）

先生的著述

怀念我的老师黄启昌先生

王　克

在接受了九年再教育之后，我终于等到了机会，参加了1977年的高考。据说成绩很好，够北大、清华的录取线。可是只见别人的录取通知书，却等不到自己的。新学期已经开学了，几乎绝望之时，收到了当时吉林师范大学的录取通知书。这是第二批针对所谓“可教育子女”的补充录取。已经是1978年3月了。不管怎样，喜出望外。收拾行装，离开山村，奔赴省城。下车之后，背着行李卷，一路打听着，找到了吉林师范大学数学系，又找到了接待新生的办公室在二楼。敲开门，见一中年男老师和一个青年女老师负责接待，还有几个学生在忙别的，像是在写墙报什么的。我报名说明来意之后，那男老师笑着对女老师说：“啊，王克来了。”又对我说：“我叫黄启昌，这是你们的辅导员庄老师，端庄美丽的庄。”这是他对我说的第一句话。我读大学，接触的第一人竟然就是黄先生，时任系主任助理。一句含有幽默感的话使我紧张的心情顿时放松。并从此开始了与他长达四分之一世纪的交往。很多年以后，得知黄先生参加了当年的新生录取工作，在是否录取我的问题上颇有争议。黄先生看中了我的高考成绩，在他的力主之下，我才被录取。为了一个素不相识的问题青年而去承担某种风险，这使我感动不已。邓小平的改革开放政策导致恢复高考，使得我们这些下乡知青上大学的梦成为可能，而对我个人而言，黄先生使这种可能变成现实，从而完全彻底地改变了我此后的命运。我从来没有就这件事谢过先生。大恩不言谢。这是没有办法感谢的。

第一次听先生的课，是一个偶然的机会，因为什么原因，黄先生给我们代了一堂“常微分方程”课。记得是讲变分法，挺难的内容。我们七七级的有些学生有一点毛病，就是不少人，包括我，入学前都当过老师(农村的民办教师),也都上过一些课,有些在当地还小有名气,所以常常自以为是地对给我们任课教师所上的课指指点点,妄加评论。先生的名气大,也早听说先生的课讲得好。所以我们有些人想看看是否名实相符,准备挑剔一番。结果是,整堂课如行云流水,其逻辑性、条理性让人折服。原来课可以这样上,原来课可以上成这样。让一些像我这样的自我感觉不错的人明白了天外有天,人外有人的道理。

我的本科生毕业论文有幸由先生指导。他给了我一篇他的发表在"东北师范大学学报"上的一篇论文,是关于非线性振动方程稳定性的,让我先读懂。非常之深刻,非常之艰难。反复研读之后,有几个关键的地方去问过他,而后居然读懂。按他的提示,给出了原文的一个推广。他仔细看了,表示满意,并作了不少修改。这就是我的学士毕业论文,后来也发表在"东北师范大学学报"上。是我的第一篇公开发表的学术论文。由此对先生的研究方向"微分方程定性理论"产生了兴趣。于是很想毕业后去考先生的研究生。问过先生,得到首肯。可是招生简章出来后,有一个严重的问题,就是在先生名下,外语考试语种只有英语,而我所学外语却是俄语。慌忙去找先生,答曰,招生简章已发往全国,不可更改。但他亲自去找了当时主管研究生的戴星东副校长,特批我可以用俄语参加考试。而后顺利通过考试,成为黄先生所带的第一批硕士研究生中的一个。没有先生的有力支持,这也是不可能的。他又一次改变我的人生轨迹。

在我读硕士期间,黄先生由系主任,升为副校长,校长。公务繁忙之余,仍然给我们上了不少专业课。还有学术讨论班。先生学风民主,鼓励我们发表不同意见。所以我们经常和他讨论乃至争论问题。他倡导创新,注意国内外最新的学术动态,积极开展学术交流,并抓住有意义的研究课题。在研究生培养方面,他主张要给学生打下坚实的理论基础,主张科研工作与打基础相结合,不可偏废。如果不重视基础,只重视写文章,固然可以有短期效应,但学生后劲不足,适应能力也不行。如果只打基础,而不结合科研工作,则学生的科研能力得不到有效的提高,所学的知识如果不在科研工作中应用,也不会真正掌握得好。后来当我自己带研究生的时候,不少好的做法都是从他那里学来的。可是我觉得在培养学生方面,先生最值得我去终身学习的地方,是他对学生的认真负责的精神。先生对学生要求是非常严格的,批评起来毫不留情。但你能够感觉到,他是为你好。他在仔细思考,努力去做,所有的目的是把你培养成才,从不松懈,没有敷衍。先生对他的学生是尊重的。有一次先生有一篇论文被一个国际会议论文集接受,在校稿时,我提出了一个改进意见,先生很高兴,认为是有意义的,采纳了这个建议,并向编辑部联系,要求把我的名字增列到作者中。编辑部回函说校稿一般不增减作者,问是否可以不改,但在先生的坚持下还是改了。

先生对学生在生活上非常关心。我刚念研究生的时候,黄先生一次对我说,我最担心的就是你家生活困难,能不能把书念完。需要的话来找我。那时已经很少有人穿带补丁的衣服了。一次在系办公室门前,一位老师,笑着指着我对先生说:"黄老师,看你的学生还穿带补丁的衣服。你管不管哪?"先生认真地说:"没问题,王克,有困难来找我。"后来他到美国访问,回来时,给我们师兄弟妹每人一只带有电子表的圆珠笔(当时很稀罕的),作为礼物。而对我,还单独有一份礼物,那是几件衣服。先生告诉我,说是穿过的,可是看起来很新。那几件衣服,我念研究生时一直穿,穿了好些年,至今仍在。有时看念研究生时的照片,我穿着先生送的衣服,站在他的身边。看着先生亲切的目光,仍能深切感到先生的关心和爱护。然已物是人非,睹物思人,常泪涌如泉。

先生治学严谨,一丝不苟。一次我和先生的一篇文章被一家很好的杂志接受,也是在校稿时,发现一处证明有问题,几经努力一时不能通过,先生便毅然令我与编辑部联系暂时撤回稿件。

先生一生勤奋耕耘,在学术上造诣精深,著述颇丰。主要有三个方面的研究工作。大致可区分如下:第一阶段大约在"文化大革命"结束到1980年左右,先生的主要兴趣在非线性振动方程,特别是Lenard方程的研究上,包括稳定性、有界性、极限环的存在性、唯一性等问题的研究。主要合作者有史希福、陈秀东、杨思认等。第二阶段大致是1980年左右至1990年左右,先生从美国带回当时最新的研究方向,具无限时滞的泛函微分方程,包括相空间理论,初值解的存在性、唯一性,解对初值的连续相依性、延拓性,解的有界性,周期解的存在性等问题的研究。主要的合作者有 T. A. Burton、王克等。第三阶段大致是 1990 年以后,先生开始注意泛函微分方程的分支问题的研究。特别是时滞方程的 Hopf 分支问题的研究。包括分支条件和分支方向的研究。主要合作者有潘家齐、魏俊杰等。在每个研究方向上,先生都留下了深刻的印记。他的不少的研究成果至今仍为学术界同行所称道,并广泛引用。

先生是极重感情的人。一次陪先生吃饭,问起先生的家世。先生深情谈起他的父亲,他的家人,谈了很多往事。谈到他的最小的叔叔,在红军路过家乡时,要跟红军走,而受到家人阻拦,他的小叔叔说,不让我走,我就碰死在这儿。谈到这里时,先生声泪俱下,哭成一团。

先生的身体一直很好,所以得知他得了绝症,感到突然和震惊。为了先生,并没有告诉他实际的病情。我们不提,先生也不说。虽经全力治疗,他的病情还是迅速恶化。到医院去看过他几次,但也不能过多打扰卧病在床的虚弱的先生,只有默默为他祈福。一天传来消息,说是多日卧床的先生终于可下床活动了。真希望奇迹发生,但也担心这是所谓的回光返照。无论如何,我们教研室的各位老师决定一起去看望他。那天,先生虽然瘦弱,但精神尚好,在病房中依然谈笑风生。临别时,我走在最后。快出门时,先生突然叫住我:“王克,责任重大啊。”我心中一震,先生心里什么都明白,不说而已。回头望时,四目相对,只见目光中那份安详,还有期待。就此告别,成为永别。这就是先生对我说的最后一句话。距离他和我说第一句话的时候,已经过去四分之一个世纪了。第二天,先生就陷入深度的昏迷中,沉睡几天后,便与世长辞。

先生过世之后,作为他的学生,我们都很悲痛。他的两个远在广州的学生专程坐飞机赶来参加他的告别仪式。桃李无言,下自成蹊。先生的众多学生们将长久地怀念他。努力像先生那样做人,做事。先生的音容笑貌尤在,每每想起,便把懒惰、懈怠的心收敛一些,努力去做一些正事,以期能够对得起先生的栽培与期望于万一。我从山村走来，本是个一无所有的穷学生，先生用他的心血浇灌，才使我有了今天。可是我总觉得我不能算是先生的好学生，也不能算是一个好的人，说过一些话让先生不高兴，做过一些事让先生伤心。先生过世后，我的一些做法大概也不会是先生所乐见的，这从他对我说的最后一句话可以想见。现在好想说一句“对不起”。先生，您能听见吗？

思绪在心中流过，泪水在脸上流过。天下没有不散的宴席。这篇文章也该结束了。最后想给先生唱支歌听，也好希望先生能听到。就唱那首“酒干倘卖无”罢。一个被弃的女婴被一个拾荒老人收养，把她抚养成人，后来成为一个歌手。一个凄婉的故事，一段忧伤的曲调，曾经打动过很多人。

“酒干倘卖无，酒干倘卖无，多么熟悉的声音，陪我多少年风和雨，从来不需要想起，永远也不会忘记，假如你不曾养育我，给我温暖的生活，假如你不曾保护我，我的命运将会是什么。没有天哪有地，没有你哪有我。”

谨以此文怀念我的老师，黄启昌先生。

2010 年 3 月

部分学术论文摘要

C_h 空间与具无限时滞的泛函微分方程解的有界性及周期解

中国科学,3,1987,242-252.

王克,黄启昌
(东北师范大学数学系,长春)

摘要　本文主要讨论具无限时滞的泛函微分方程的周期解的存在性. 为此,我们首先研究了解的 C_h-R^n 一致有界性及 C_h-R^n 一致最终有界性,并将 Yoshizawa 关于有限时滞方程的周期解存在定理推广到无限时滞方程上来. 对于具无限时滞的 Volterra 积分微分方程,我们得到了保证周期解存在的具体的条件.

Optimal harvesting policy for single population with periodic coefficients,

Mathematical Biosciences, 152 (1998), 165-177.

Meng Fan , Ke Wang
Department of Mathematics, Northeast Normal University,
Changchun 130024, People's Republic of China

Abstract: In this paper, we examine the exploitation of single population modeled by time dependent Logistic equation with periodic coefficients. First, it is shown that the time dependent periodic Logistic equation has a unique positive periodic solution, which is globally asymptotically stable for positive solutions, and we obtain its explicit representation. Further, we choose the maximum annual-sustainable yield as the management objective, and investigate the optimal harvesting policies for constant harvest and periodic harvest. The optimal harvest e. ort that maximizes the annual-sustainable yield, the corresponding optimal population level, the corresponding harvesting time-spectrum, and the maximum annual-sustainable yield are determined, and their explicit expressions are obtained in terms of the intrinsic growth rate and the carrying capacity of the considered population. Our interesting and brief results generalize the classical results ofClark for a population described by the autonomous logistic equation in renewable resources management.

Keywords: Optimal harvesting policy; Time-dependent logistic equation with periodic coefficients; Euler-Lagrange equation; Harvesting time-spectrum

Necessary and sufficient criteria for the uniqueness of solutions to the IVPs of scalar autonomous ODCs

Nonlinear Analysis 59 (2004), 917-929.

Ke Wang, Meng Fan

School of Mathematics and Statistics and Key Laboratory for Vegetation Ecology of the Education Ministry of PR China,

Northeast Normal University, 5268 Renmin Street,

Changchun, Jilin Province 130024, PR China

Abstract: Easily verifiable necessary and sufficient criteria are established for the existence and uniqueness of solutions to the initial value problems of scalar autonomous ordinary differential equations.

Keywords: Scalar autonomous ordinary differential equations

(ODEs); Initial value problems (IVPs);
Uniqueness; Necessary and sufficient conditions

Persistence and extinction of a stochastic single-specie model under regine switching in a polluted environment

Journal of Theoretical Biology, 2010, 264, 934-944.

Meng Liu, Ke Wang
Department of Mathematics, Harbin Institute of Technology,
Weihai 264209, PR China
School of Mathematics and Statistics, Northeast Normal University,
Changchun 130024, PR China

Abstract: A new single-species model disturbed by both white noise and colored noise in a polluted environment is developed and analyzed. Sufficient criteria for extinction, stochastic nonpersistence in the mean, stochastic weak persistence in the mean, stochastic strong persistence in the mean and stochastic permanence of the species are established. The threshold between stochastic weak persistence in the mean and extinction is obtained. The results show that both white and colored environmental noises have sufficient effect to the survival results.

Keywords: White noise; Markovian chain; Pollution; Threshold

Global stability analysis for stochastic coupled systems on networks

Automatica, 2011, 47, 215-220.

Wenxue Li, Huan Su, Ke Wang

Department of Mathematics, Harbin Institute of Technology (Weihai), Weihai, 264209, PR China
School of Mathematics and Statistics, Northeast Normal University, Changchun, 130024, PR China

Abstract: This paper considers the global stability problem for some stochastic coupled systems on networks (SCSNs). We provide a systematic method for constructing a global Lyapunov function for these SCSNs, by using graph theory and the Lyapunov second method. Consequently, a new global stability principle, which has a close relation to the topology property of the network, is given. As an application to the results, we employ the principle to two well-known coupled systems in physical and ecology, and then some easy-verified sufficient conditions which guarantee the global stability are obtained.

Keywords: Stochastic coupled systems; Global stability; Networks

部分论文目录

[1] Wu, Ruihua; Zou, Xiaoling; Wang, Ke, Asymptotic behavior of a stochastic non-autonomous predator-prey model with impulsive perturbations, Communications in Nonlinear Science and Numerical Simulation, 20(3), 965-974, 2015.

[2] Guo, Ying; Su, Huan; Ding, Xiaohua; Wang, Ke; Global stochastic stability analysis for stochastic neural networks with infinite delay and Markovian switching, Applied Mathematics Andcomputation, 245, 53-65, 2014.

[3] Li, Wenxue; Wu, Ruihua; Wang, Ke, Existence and uniqueness of M-solutions for backward stochastic volterra integral equations[J], Electronic Journal of Differential Equations, 178, 1-16, 2014.

[4] Zhang, Xianghua; Wang, Ke, Stochastic SEIR model with jumps, Applied Mathematics and Computation , 239, 133-143, 2014.

[5] Zou, Xiaoling; Wang, Ke, Optimal harvesting for a logistic population dynamics driven bya lévy process, Journal of Optimization Theory And Applications, 161(3), 969-979, 2014.

[6] Li, Wenxue; Yang, Hongwei; Wen, Liang; Wang, Ke, Global exponential stability for coupled retarded systems on networks: A graph-theoretic approach, Communications in Nonlinear Science and Numerical Simulation, 19(6), 1651-1660, 2014.

[7] Zhang, Chunmei; Li, Wenxue; Wang, Ke, A graph-theoretic approach to stability of neutral stochastic coupled oscillators network with time-varying delayed coupling, Mathematical Methods in the Applied Sciences, 37(8), 1179-1190, 2014.

[8] Zhang, Xinhong; Wang, Ke, Stability analysis of a stochastic Gilpin-Ayala model driven by Lévy noise, Communications in Nonlinear Science and Numerical Simulation, 19(5), 1391-1399, 2014.

[9] Zou, Xiaoling; Wang, Ke, Numerical simulations and modeling for stochastic biological systems with jumps, Communications in Nonlinear Science and Numerical Simulation, 19(5), 1557-1568, 2014.

[10] Zhang, Chunmei; Wang, Ke, Parameter-dependent integral on time scales, Indian Journal of Pure & Applied Mathematics, 45(2), 139-163, 2014.

[11] Wu, Ruihua; Zou, Xiaoling; Wang, Ke, Dynamics of logistic systems driven by lévy noise under regime switching, Electronic Journal of Differential Equations, 2014.

[12] Zou, Xiaoling; Wang, Ke; Liu, Meng, Can protection zone potentially strengthen protective effects in random environments, Applied Mathematics and Computation, 231,26-38, 2014.

[13] Liu, Meng; Wang, Ke, Stochastic Lotka-Volterra systems with Lévy noise, Journal of Mathematical Analysis and Applications, 410(2), 750-763, 2014.

[14] Li, Wenxue; Yang, Hongwei; Feng, Junyan; Wang, Ke,

Global exponential stability for coupled systems of neutral delay differential equations, Electronic Journal of Qualitative Theory of Differential Equations, 36(1-5), 1-15,2014.

[15] Li, Wenxue; Chen, Tianrui; Wang, Ke, Exponential stability of coupled systems on networks with mixed delays and reaction-diffusion terms, Abstract and Applied Analysis, 2014.

[16] Wu, Ruihua; Wang, Ke, Stochastic logistic systems with Jumps, Context Sensitive Links, 2014.

[17] Lv, Jingliang; Wang, Ke; Zou, Xiaoling, Remarks on stochastic permanence of population models, Journal of Mathematical Analysis and Applications, 408(2), 561-571, 2013.

[18] Liu, Meng; Wang, Ke, Persistence and extinctions of a stochastic single-species population model in a polluted environment with impulsive toxicant input, Electronic Journal of Differential Equations,2013.

[19] Liu, Meng; Wang, Ke, Dynamics of a two-prey one-predator system in random environments, Journal of Nonlinear Science, 23(5), 751-775, 2013.

[20] Liu, Meng; Fan, Dejun; Wang, Ke, Stability analysis of a stochastic logistic model with infinite delay, Communications in Nonlinear Science and Numerical Simulation,18(9),2289-2294, 2013.

[21] Zhang, Xianghua; Wang, Ke, Stochastic SIR model with jumps, Applied Mathematics Letters,26(8), 867-874,2013.

[22] Zhang, Xinhong; Wang, Ke, Asymptotic behavior of stochastic Gilpin-ayala mutualism model with jumps, Electronic Journal of Differential Equations , 2013.

[23] Liu, Meng; Wang, Ke, Dynamics of a Leslie-Gower Holling-type II predator-prey system with Lévy jumps, Nonlinear Analysis-Theory Methods & Applications, 85, 204-213, 2013.

[24] Zou, Xiaoling; Fan, Dejun; Wang, Ke, Stationary distribution and stoch stationary distribution and stochastic hopf bifurcation for a predator-prey system with nois, Discrete and Continuous Dynamical Systems-Series B,18(5), 1507-1519,2013.

[25] Su, Huan; Qu, Yanbin; Gao, Shang; Wang, Ke, A model of feedback control system on network and its stability analysis, Communications in Nonlinear Science and Numerical Simulation, 18 (7), 1822-1831, 2013.

[26] Liu, Meng; Wang, Ke, Dynamics and simulations of a logistic model with impulsive perturbations in a random environment, Mathematics and Computers in Simulation, 92, 53-57, 2013.

[27] Liu, Meng; Wang, Ke, A note on a delay Lotka-Volterra competitive system with random perturbations, Applied Mathematics Letters,26(6), 589-594, 2013.

[28] Liu, Meng; Wang, Ke, A note on stability of stochastic logistic equation, Applied Mathematics Letters, 26(6) ,601-606, 2013.

[29] Liu, Meng; Wang, Ke, Analysis of a stochastic autonomous

mutualism model, Journal of Mathematical Analysis and Applications, 402 (1), 392-403, 2013.

[30] Liu, Meng; Wang, Ke, Population dynamical behavior of lotka-volterra cooperative systems with random perturbations, Discrete and Continuous Dynamical Systems, 33(6), 2495-2522, 2013.

[31] Zhang, Chunmei; Li, Wenxue; Su, Huan; Wang, Ke, A graph-theoretic approach to boundedness of stochastic Cohen-Grossberg neural networks with Markovian switching, Applied Mathematics and Computation, 219(17), 9165-9173, 2013.

[32] Liu, Meng; Wang, Ke, Persistence and extinction of a non-autonomous logistic equation with random perturbation, Electronic Journal of Differential Equations, 2013.

[33] Zou, Xiaoling; Wang, Ke; Fan, Dejun, Stochastic poincare-bendixson theorem and its application on stochastic hopf bifurcation, International Journal of Bifurcation and Chaos, 23(4), 2013.

[34] Zou, Xiaoling; Wang, Ke, The protection zone for biological population in random environment, Mathematical Methods in the Applied Sciences, 36(6), 707-721, 2013.

[35] Zhang, Chunmei; Li, Wenxue; Wang, Ke, Boundedness for network of stochastic coupled van der Pol oscillators with time-varying delayed coupling, Applied Mathematical Modelling, 37(7), 5394-5402, 2013.

[36] Liu, Meng; Wang, Ke; Qiu, Hong, Stability of a stochastic

logistic model with distributed delay, Mathematical and Computer Modelling, 57(5-6), 1112-1121, 2013.

[37] Guan, Yongjia; Wang, Ke, Translation properties of time scales and almost periodic functions, Mathematical and Computer Modelling ,57(5-6), 1165-1174, 2013.

[38] Liu, Meng; Qiu, Hong; Wang, Ke, A remark on a stochastic predator-prey system with time delays, Applied Mathematics Letters, 26 (3), 318-323, 2013.

[39] Liu, Meng; Wang, Ke, Asymptotic behavior of a stochastic nonautonomous Lotka-Volterra competitive system with impulsive perturbations, Mathematical and Computer Modelling, 57(3-4), 909-925, 2013.

[40] Qiu, Hong; Lv, Jingliang; Wang, Ke, The optimal harvesting policy for non-autonomous populations with discount, Applied Mathematics Letters, 26(2), 244-248, 2013.

[41] Liu, Meng; Wang, Ke, Stochastic differential equations with Multi-Markovian switching, Journal of Applied Mathematics, 2013.

[42] Zhang, Chunmei; Li, Wenxue; Wang, Ke, Stability and boundedness of stochastic volterra integrodifferential equations with infinite delay, Journal of Applied Mathematics, 2013.

[43] Zou, Xiaoling; Fan, Dejun; Wang, Ke, Effects of dispersal for a logistic growth population in random environments, Abstract and Applied Analysis, 2013.

[44] Qiu, Hong; Lv, Jingliang; Wang, Ke, Two types of permanence of a stochastic mutualism model, Advances in Difference Equations, 2013.

[45] Liu, Meng; Li, Wenxue; Wang, Ke, Persistence and extinction of a stochastic delay Logistic equation under regime switching, Applied Mathematics Letters, 26(1), 140-144, 2013.

[46] Zou, Xiaoling; Li, Wenxue; Wang, Ke, Ergodic method on optimal harvesting for a stochastic Gompertz-type diffusion process, Applied Mathematics Letters, 26(1), 170-174, 2013.

[47] Liu, Meng; Wang, Ke, Persistence and extinction of a single-species population system in a polluted environment with random perturbations and impulsive toxicant input, Chaos Solitons & Fractals, 45(12), 1541-1550, 2012.

[48] Li, Wenxue; Pang, Lisha; Su, Huan; Wang, Ke, Global stability for discrete Cohen-Grossberg neural networks with finite and infinite delays, Applied Mathematics Letters, 25(12), 2246-2251, 2012.

[49] Liu, Meng; Wang, Ke, Global asymptotic stability of a stochastic Lotka-Volterra model with infinite delays, Communications in Nonlinear Science and Numerical Simulation, 17(12), 5296-5296, 2012.

[50] Liu, Meng; Wang, Ke, Stochastic logistic equation with infinite delay, Mathematical Methods in the Applied Sciences, 35(16), 1997-1997, 2012.

[51] Qiu, Hong; Liu, Meng; Wang, Ke; Dynamics of a stochastic predator-prey system with Beddington-DeAngelis functional response, Applied Mathematics and Computation, 219(4), 2303-2312, 2012.

[52] Liu, Meng; Wang, Ke, Persistence, extinction and global asymptotical stability of a non-autonomous predator-prey model with random perturbation, Applied Mathematical Modelling, 36(11), 5344-5353, 2012.

[53] Liu, Meng; Wang, Ke, Stationary distribution, ergodicity and extinction of a stochastic generalized logistic system, Applied Mathematics Letters, 25(11) ,1980-1985, 2012.

[54] Su, Huan; Li, Wenxue; Wang, Ke, Global stability analysis of discrete-time coupled systems on networks and its applications, Chaos, 22(3), 2012.

[55] Liu, Meng; Wang, Ke, On a stochastic logistic equation with impulsive perturbations, Computers & Mathematics with Applications, 64(6), 2158-2158, 2012.

[56] Liu, Meng; Wang, Ke, Persistence and extinction of a non-autonomous logistic model with random perturbations, Communications in Mathematical Sciences, 10(3), 977-987, 2012.

[57] Liu, Meng; Wang, Ke, Global asymptotic stability of a stochastic Lotka-Volterra model with infinite delays, Communications in Nonlinear Science and Numerical Simulation, 17(8), 3115-3123, 2012.

[58] Hu, Guixin; Liu, Meng; Wang, Ke, The asymptotic behaviours of an epidemic model with two correlated stochastic perturbations,

Applied Mathematics and Computation, 218(21), 10520-10532, 2012.

[59] Liu, Meng; Wu, Qiong; Wang, Ke, Analysis of an improved epidemic model with stochastic disease transmission, Applied Mathematics and Computation, 218(19), 9750-9758, 2012.

[60] Li, Wenxue; Su, Huan; Wei, Dagang; Wang, Ke, Global stability of coupled nonlinear systems with Markovian switching, Communications in Nonlinear Science and Numerical Simulation, 17(6), 2609-2616, 2012.

[61] Liu, Meng; Wang, Ke, Stochastic logistic equation with infinite delay, Mathematical Methods in the Applied Sciences, 35(7), 812-827, 2012.

[62] Liu, Meng; Wang, Ke, On a stochastic logistic equation with impulsive perturbations, Computers & Mathematics with Applications, 63(5), 871-886, 2012.

[63] Liu, Meng; Wang, Ke, Asymptotic properties and simulations of a stochastic logistic model under regime switching II, Mathematical and Computer Modelling, 55(3-4), 405-418, 2012.

[64] Lv, Jingliang; Wang, Ke, On a stochastic predator-prey system with modified functional response, Mathematical Methods in the Applied Sciences, 35(2), 144-150, 2012.

[65] Hu, Guixin; Wang, Ke, Stability in distribution of neutral stochastic functional differential equations with Markovian switching, Journal of Mathematical Analysis and Applications, 2, 757-769, 2012.

[66] Li, Wenxue; Liu, Meng; Wang, Ke, A Generalization of Ito's Formula and the Stability of Stochastic Volterra Integral Equations, Journal of Applied Mathematics , 2012.

[67] Hu, Guixin; Wang, Ke, On stochastic logistic equation with markovian switching and white noise, Osaka Journal of Mathematics, 48 (4), 959-986, 2011.

[68] Zou, Xiaoling; Wang, Ke, A robustness analysis of biological population models with protection zone, Applied Mathematical Modelling, 35(12), 5553-5563, 2011.

[69] Pang, Lisha; Wang, Ke, Function series theory of time scales, Computers & Mathematics with Applications, 62 (9) , 3427 - 3437 , 2011.

[70] Liu, Meng; Wang, Ke, Asymptotic properties and simulations of a stochastic logistic model under regime switching, Mathematical and Computer Modelling, 54(9-10), 2139-2154, 2011.

[71] Lv, Jingliang; Wang, Ke, Asymptotic properties of a stochastic predator-prey system with Holling II functional response, Communications in Nonlinear Science and Numerical Simulation , 16(10), 4037-4048 , 2011.

[72] Li, Wenxue; Wang, Ke; Su, Huan, Optimal harvesting policy for stochastic Logistic population model, Applied Mathematics And Computation, 218(1), 157-162, 2011.

[73] Liu, Meng; Wang, Ke; Wang, Yang, Long term behaviors of

stochastic single-species growth models in a polluted environment II, Applied Mathematical Modelling,35(9), 4438-4448, 2011.

[74] Liu, Meng; Wang, Ke, Global stability of stage-structured predator-prey models with Beddington-DeAngelis functional response, Communications in Nonlinear Science and Numerical Simulation, 16(9), 3792-3797, 2011.

[75] Hu, Guixin; Wang, Ke, The estimation of probability distribution of SDE by only one sample trajectory, Computers & Mathematics with Applications, 62(4), 1798-1806 , 2011.

[76] Hu, Guixin; Wang, Ke, Stability in distribution of competitive Lotka-Volterra system with Markovian switching, Applied Mathematical Modelling, 35(7), 3189-3200, 2011.

[77] Zou, Xiaoling; Wang, Ke, The protection zone of biological population, Nonlinear Analysis-Real World Applications, 12(2), 956-964, 2011.

[78] Liu, Meng; Wang, Ke, Persistence and extinction in stochastic non-autonomous logistic systems, Journal of Mathematical Analysis and Applications, 375(2), 443-457, 2011.

[79] Liu, Meng; Wang, Ke, Global stability of a nonlinear stochastic predator-prey system with Beddington-DeAngelis functional response, Communications in Nonlinear Science and Numerical Simulation, 16(3), 1114-1121, 2011.

[80] Liu, Meng; Wang, Ke; Liu, Xianwei, Long term behaviors of

stochastic single-species growth models in a polluted environment, Applied Mathematical Modelling, 35(2), 752-762, 2011.

[81] Lv, Jingliang; Wang, Ke, Analysis on a stochastic predator-prey model with modified leslie-gower response, Abstract and Applied Analysis, 2011

[82] Lv, Jingliang; Wang, Ke, optimal harvest of a stochastic predator-prey model, Advances in Difference Equations, 2011.

[83] Lv, Jingliang; Wang, Ke, A stochastic ratio-dependent predator-prey model under regime switching, Journal of Inequalities and Applications, 2011.

[84] Hu, Guixin; Wang, Ke, Existence and uniqueness theorem for stochastic differential equations with self-exciting switching, Discrete Dynamics in Nature and Society, 2011

[85] 郭英，李文学，王克，随机 Volterra 积分方程相容解的稳定性，应用数学学报[J]，34(2)，332-340，2011.

[86] Liu, Meng; Wang, Ke, Extinction and permanence in a stochastic non-autonomous population system, Applied Mathematics Letters, 23(12), 1464-1467, 2010.

[87] Li, Wenxue; Wang, Ke, Optimal harvesting policy for general stochastic Logistic population model, Journal of Mathematical Analysis and Applications, 368(2), 420-428, 2010.

[88] Wei, Fengying; Wang Ke, The periodic solution of functional

differential equations with infinite delay, Nonlinear Analysis-Real World Applications, 11(4), 2669-2674, 2010.

[89] Li, GuangYu; Wang, Ke, A 1-dimensional nonlinear filtering problem, Acta Mathematica Sinica-English Series, 26(3), 555-560, 2010.

[90] 鲁红英,王克,一类自治单种群及其最优捕获策略,系统科学与数学[J],30(1), 33-42, 2010.

[91] He, Jiwei; Wang, Ke, The survival analysis for a population in a polluted environment, Nonlinear Analysis-Real World Applications, 10(3), 1555-1571, 2009.

[92] Fan, Dejun; Wang, Ke; Hong, Ling, The complete parameters analysis of the asymptotic behaviour of a logistic epidemic model with two stochastic perturbations, Mathematical Problems in Engineering, 2009.

[93] Li Zhan; Li Lingxiao; Wang, Ke, Uniform persistence of multispecies ecological competition predator-pray system with Holling III type functional response, Applied Mathematics-A journal of Chinese Universities Series B, 23(4), 410-412, 2008.

[94] Wei, Fengying; Wang, Ke, Positive periodic solutions of an n-species ecological system with infinite delay, Journal of Computational and Applied Mathematics, 208(2), 362-372, 2007

[95] He, Jiwei; Wang, Ke, The survival analysis for a single-species population model in a polluted environment, Applied Mathematical

Modelling, 31(10), 2227-2238, 2007.

[96] Wei Fengying; Wang Ke, The existence and uniqueness of the solution for stochastic functional differential equations with infinite delay, Journal of Mathematical Analysis and applications, 331(1), 516-531, 2007.

[97] Zhu, Hongguang; Wang, Ke; Li, Xiaojian, Existence and global stability of positive periodic solutions for predator-prey system with infinite delay and diffusion, Nonlinear Analysis-Real World Applications, 8(3), 872-886, 2007.

[98] Wei, Fengying; Wang Ke, Persistence of some stage structured ecosystems with finite and infinite delay, Applied Mathematics and Computation, 189(1), 902-909, 2007.

[99] Shuai, Zhisheng; Bai, Ling; Wang, Ke, Optimization problems for general simple population with n-impulsive harvest, Journal of Mathematical Analysis And Applications, 329(1), 634-646, 2007.

[100] Bai, Ling; Wang, Ke, A diffusive single-species model with periodic coefficients and its optimal harvesting policy, Applied Mathematics and Computation, 187(2), 873-882, 2007.

[101] Li, Xiaojian; Wang, Ke, The survival analysis of a non-autonomous n-Dimensional Volterra Mutualistic System in a polluted environment, Acta Mathematicae Applicatae Sinica-English Series, 23(1), 133-140, 2007.

[102] Gao Haiyin; Wang, Ke; Wei, Fengying, Massera-type the-

orem and asymptotically periodic logistic equations, Nonlinear Analysis-Real World Applications, 7(5), 1268-1283, 2006.

[103] Wei, Fengying; Wang, Ke, Global stability and asymptotically periodic solution for nonautonomous cooperative Lotka-Volterra diffusion system, Applied Mathematics and Computation, 182(1), 161-165, 2006.

[104] Zhang, Xiaoying; Li, Xiaoyue; Jiang, Daqing, Multiplicity positive solutions to periodicproblems for first-order impulsive differential equations, Computers & Mathematics with Applications 52(6-7), 953-966, 2006.

[105] Wei, Fengying; Wang, Ke, Asymptotically periodic solution of N-species cooperation system with time delay, Nonlinear Analysis-Real World Applications, 7(4), 591-596, 2006.

[106] Bai, Ling; Wang, Ke, A diffusive stage-structured model in a polluted environment, Nonlinear Analysis-Real World Applications, 7(1), 96-108, 2006.

[107] Zhang, Xiaoying; Jiang, Daqing; Li, Xiaoyue, A new existence theory for single and multiple positive periodic solutions to Volterra integro-differential equations with impulse effects, Computers & Mathematics with Applications, 51(1), 7-32, 2006.

[108] Wang, Jing; Wang, Ke, Analysis of a single species with diffusion in a polluted environment [J],Electronic Journal of Differental Equations, 2006.

[109] Wang, Ke; Fan, Meng; Li, Michael Y, A Massera theorem

for quasi-linear partial differential equations of first order, Rocky Mountain Journal of Mathematics, 36(5), 1715-1727, 2006

[110] 何继伟,王克,污染环境中的 Leslie 系统,系统科学与数学[J],26(1), 31-41, 2006 (2).

[111] Bai, Ling; Wang, Ke, Gilpin-Ayala model with spatial diffusion and its optimal harvesting policy, Applied Mathematics and Computation, 171(1), 531-546, 2005.

[112] Wei, Fengying; Wang, Ke, Uniform persistence of asymptotically periodic multispecies competition predator-prey systems with Holling III type functional response, Applied Mathematics and Computation, 170(2), 994-998, 2005.

[113] Fan, Meng; Wang, Ke; Agarwal, RP, Periodic solutions of neutral functional differential equations with infinite delay, Dynamics of Continuous Discrete and Impulsive Systems-Series A-Mathematical Analysis, 12(1), 129-137, 2005.

[114] 鲁红英,王克,具周期系数的单种群模型及其最优捕获策略[J],数学物理学报,2005/06.

[115] 迪申加卜,王克,具无限时滞中立型泛函微分方程解的稳定性与有界性[J],数学物理学报,2005/05.

[116] Wang, Ke; Fan, Meng, Necessary and sufficient criteria for the uniqueness of solutions to the IVPs of scalar autonomous ODEs, Nonlinear Analysis-Theory Methods & Applications, 59(6), 917-929, 2004.

[117] Wang, Jing; Wang, Ke, Optimal harvesting policy for single population with stage structure [J], Computers & Mathematics with Applications, 48,(5-6), 943-950, 2004.

[118] Wang, Jing; Wang, Ke, Optimal control of harvesting for single population, Applied Mathematics and Computation, 156(1), 235-247,2004.

[119] 鲁红英,王克,自治单种群模型及其最优捕获策略[J],系统科学与数学,24(2),200-205, 2004.

[120] Li, Zhan; Shuai, Zhisheng; Wang, Ke, Persistence and extinction of single population in a polluted environment, Electronic Journal of Differential Equations, 2004.

[121] Fan, Meng; Wang, Ke; Wong, Patricia J. Y, Periodicity and stability in periodic n-species Lotka-Volterra competition system with feedback controls and deviating arguments, ACTA Mathematica Sinica-English Series, 19(4), 801-822, 2003.

[122] Zhang, Xiaoying; Shuai, Zhingsheng; Wang, Ke, Optimal impulsive harvesting policy for single population, Nonlinear Analysis-Real World Applications,4(4), 639-651, 2003.

[123] Zhao, Changjian; Debnath, L; Wang, Ke, Positive periodic solutions of a delayed model in population, Applied Mathematics Letters, 16(4), 561-565, 2003.

[124] Wang, Qian; Fan, Meng; Wang, Ke, Dynamics of a class of nonautonomous semi-ratio-dependent predator-prey systems with func-

tional responses, Journal of Mathematical Analysis and Applications, 278 (2), 443-471 ,2003.

[125] 范猛,王克, Yoshizawa 型周期解定理和 Massera 型周期解定理研究进展简介[J], 数学进展, Vol. 32, No. 3, 295-302, 2003.

[126] Fan, Meng; Dishen, Jiabu; Wan, Qian, Stability and boundedness of solutions of neutral functional differential equations with finite delay, Journal of Mathematical Analysis and Applications, 276(2), 545-560, 2002.

[127] Fan, Meng; Wang, Ke, Periodic solutions of a discrete time nonautonomous ratio-dependent predator-prey system, Mathematical and Computer Modelling, 35(9-10), 951-961, 2002.

[128] Fan, Meng; Wang, Ke, Global existence of positive periodic solutions of periodic predator-prey system with infinite delays, Journal of Mathematical Analysis and Applications, 262(1), 1-11, 2001.

[129] Fan, Meng; Wang, Ke, Periodicity in a delayed ratio-dependent predator-prey system, Journal of Mathematical Analysis and Applications, 262(1), 179-190 , 2001.

[130] Fan, Meng; Wang, Ke, Positive periodic solutions of a periodic integro-differential competition system with infinite delays, Zeitschrift Fur Angewandte Mathematik and Mechanik, 81(3), 197-203, 2001.

[131] Fan, Meng; Wang, Ke , Global periodic solutions of a generalized n-species Gilpin-Ayala competition model, Computers & Mathematics with Applications, 40(10-11), 1141-1151, 2000.

[132] Fan, Meng; Wang, Ke, Periodic solutions of convex neutral functional differential equations, Tohoku Mathematical Journal, 52(1), 47-59, 2000.

[133] Wang, Ke; Fan, Meng, Positive periodic solutions of predator-prey systems with infinite delay, Chinese Annals of Mathematics Series B, 21(1), 43-54, 2000.

[134] 范猛，王克，多物种生态竞争系统周期正解的存在性和全局吸引性，数学学报，1期，77-82，2000.

[135] 范猛，王克，具无限时滞线性中立型泛函微分方程周期解，数学学报，4期，695-702，2000.

[136] 范猛，王克，具有偏差变元的捕食者-食饵系统全局周期解的存在性，应用数学学报，4期，557-561，2000.

[137] Fan, Meng; Wang, Ke; Jian, Daqing, Existence and global attractivity of positive periodic solutions of periodic n-species Lotka-Volterra competition systems with several deviating arguments, Mathematical Biosciences, 160(1), 47-61, 1999.

[138] Fan, Meng; Wang, Ke, Optimal harvesting policy for single population with periodic coefficients, Mathematical Biosciences, 152(2), 165-177, 1998.

[139] Fan, Meng; Wang, Ke, Optimal harvesting policy for single population with periodic coefficients, Mathematical Biosciences, 152, 165-177, 1998.

[140] 范猛,王克,具有限时滞中立型泛函微分方程周期解[J],科学通报, 第43卷, 第23期, 2498-2502, 1998.

[141] Wang Ke, Persistence of nonautonomous competitive systems with infinite delay, Acta Mathematicae Applecatae Since, Vol. 14 No. 3, 333-336, 1998.

[142] 迪申加卜,王克,无限时滞泛函微分方程解的稳定性与有界性,数学学报, Vol. 40, No. 4, 1997, 511-520.

[143] 王克,具无限时滞的非自治捕食者—食饵系统的持久性,数学学报, Vol. 40, No. 3, 1997, 321-332.

[144] 王克,一类具复杂偏差变元的泛函微分方程, 系统科学与数学, 第16卷, 第七期, 1996.

[145] 王克, 强迫 Lienard 方程的概周期解, 数学年刊, 16A, 4, 1995.

[146] 王克,泛函微分方程的全局稳定周期解, 数学学报, 37卷, 4期, 1994.

[147] 王克,一类具偏差变元的微分方程的周期解, 数学学报, 37卷, 3期, 1994.

[148] 王克,多物种生态系统的周期正解, 应用数学学报, 第17卷, 1期, 1994.

[149] 王克,Lienard 方程零解的全局渐近稳定性, 科学通报, 38卷7期, 1993.

[150] 王克,g-稳定和 R''-稳定的等价性[J],系统科学与数学,(13) 2, 1993.

[151] Wang Ke, Necessary and sufficient condition for the unique existence of periodic solution of linear volterra equations, Vol. 9, No. 2., 1993.

[152] 王克,一类泛函微分方程的稳定性定理及其应用,系统科学与数学,12 (3), 1992.

[153] 王克,具无限时滞和无界时滞的卷积型 Volterra 方程稳定性的等价性,数学物理学报,增刊,80-82. 12 , 1992.

[154] 王克,一类三维微分差分方程非平凡周期解的存在性,数学学报,6, 1992.

[155] Wang, Ke, On the unique existence of almost periodic solutions of volterra integral differential equations, Acta. Math. Hungarica, 58 (3-4), 1991.

[156] Wang, Ke, Quasi periodic solutions of neutral volterra integral differential equations with infinite delay,数学年刊, 12B, 1991.

[157] Wang, Ke, On the equation $x^{\text{TM}}(t)=f(x(x(t)))$, Funkcialaj Ekvacilj. 33,1990.

[158] Wang, Ke, On the existence of nontrivial periodic solutions of differential difference equations,数学年刊, 11B (4) 1990.

[159] Wang, Ke, On the unique existence of periodic solutions of neutral Volterra integro-differential equations , Periodica Mathematica

Hungarica Vol. 21(1), 1990.

[160] 王克, Massera 定理的拓广[J], 数学物理学报, 10 (1990).

[161] Wang, Ke, Unique Existence of Periodic Solutions of Neutral Volterra Integrodifferential Equations,应用数学学报（英文版）, Vol. 6, No. 3, 1990.

[162] Wang, Ke, Local theory for retarded equations with infinite delay, Applicable Analysis, 35 (1990).

[163] 王克,Poincaer-Bendixson 环域定理的推广[J], 应用数学学报, Vol. 13, No. 4, 1990.

[164] Wang, Ke, The existence of limit cycles of nonlinear oscillation equations, Tohoku Math. J. 42 (1990).

[165] Wang, Ke, On the existence and uniqueness of periodic solutions of volterra integral differential equations, Systems Science and Mathematical Sciences, Vol. 3, No. 1, 1990.

[166] 王克,一类非线性振动方程的小摄动, 应用数学学报[J], 12, 3 1989.

[167] 王克,关于泛函微分方程周期解的存在性[J], 数学年刊, 10, (A3), 1989.

[168] Wang, Ke, On the existence of limit cycles of the equation $x^{TM} = h(y) - F(x)$, $y^{TM} = -g(x)$, Kodai Math. J. Vol. 12, No. 1,

(1989).

[169] He Min, Huang Qichang, Wang Ke, Phase spaces C_g, C_h, and g-Uniform Boundedness f FDE(ID), Journal of Mathematical Analysis and Applications, Vol. 138, No. 2, 1989.

[170] 无穷时滞泛函分方程周期解的存在性，数学年刊，8A(4),1987.

[171] 王克，黄启昌，C_h 空间与具无穷时滞的泛函微分方程解的有界性及周期解，中国科学，A 辑，1987.

[172] 王克，LaSalle 定理的推广，应用数学学报，1986.

[173] 王克，黄启昌，h 有界与具无限时滞的泛函微分方程的周期解，科学通报，1986.

[174] Wang, Ke, Filippov 定理的改进，科学通报(简讯)，1983.

王克老师大事年表

1948年8月31日,生于上海

1969年5月,吉林省敦化县沙河沿公社下乡知青

1973年2月至1978年2月,民办教师

1978年3月~1981年12月 东北师范大学数学系本科

1981年12月~1984年12月 东北师范大学数学系硕士研究生,获理学硕士学位

1984年12月~1987年7月,东北师范大学数学系,助教

1987年7月~1988年8月,东北师范大学数学系,讲师

1988年8月参加匈牙利第3届微分方程定性理论会议

1990年10月~1991年10月,到前苏联喀山大学进修微分方程

1988年9月~1992年7月,东北师范大学数学系,副教授

1992年起,享受国务院政府津贴

1992年12月,被评为教授

1993年,获吉林英才奖章

1995年7月~1997年7月,吉林大学数学研究所攻读博士学位,获理学博士学位

1997年评为博士生导师

1998年12月获宝钢优秀教学奖。

1998年8月~1998年10月,到美国密西西比大学访问

1998年12月~2003年12月,中国人民政治协商会议长春市第九届委员会委员

1999.10~2000.10 俄罗斯喀山大学做高级访问学者

2002年1月被评为第二批吉林省优秀省管专家。

2003 年 9 月被评为吉林省教育系统师德先进个人。

2003，加拿大访学

2004 年，调到哈工大(威海)数学系工作。

2014 年 5 月 11 日，因病在威海逝世。

获奖情况

2012-11-30　获教育部高等学校科学研究优秀成果奖二等奖

2011 年 山东省高校优秀科研成果奖三等奖 排序一

1986-01-01 国家教委科技进步二等奖

1991-07-01 国家教委科技进步三等奖

1991-12-01 吉林省教委科技进步奖(甲类)二等奖

1996-08-01 国家教委科技进步三等奖

出版专著

现代数学基础丛书 128：

王克，范猛. 泛函微分方程的相空间理论及应用. 科学出版社，2009.

生物数学丛书 7：王克. 随机生物数学模型. 科学出版社，2010.

后　记

从王克老师因病不幸去世，到这本文集的出版，半年多的时间。这些文字在我们的心里积蓄、沉淀、升华，然后化为一股无形的力量，流淌于内心深处。

半年多来，我们通过编辑刊发悼念文章、采写长篇通讯、撰写评论、组织先进事迹报告会、开展主题征文活动等多种形式，来表达对王克老师的悼念、追思、崇敬和爱戴之情。期间，越来越多的人认识和了解了王克老师，越来越多的人被王克老师的感人事迹和高尚品格所感动，也开始有越来越多的人在自觉追随王克老师的脚步。

在编写本书的过程中，我们要感谢所有热心供稿、参与编辑的老师和同学们，感谢所有给予关心和帮助的各级领导，正是有了大家的共同努力，才有了今天的这本凝结了众人心血的《师者王克》。缅怀、追思、学习、传承，这是我们对王克老师最好的纪念。

因为编写时间较短，本书难免有这样那样的疏漏和不足，恳请各位读者谅解指正。

编　者

2015 年 3 月